陇城镇志

LOCAL RECORDS OF LONGCHENG

甘肃省秦安县陇城镇志编纂委员会 编

图书在版编目（CIP）数据

陇城镇志 / 甘肃省秦安县陇城镇志编纂委员会编
.-- 北京：方志出版社，2018.11
（中国名镇志丛书）
ISBN 978-7-5144-3391-3

Ⅰ.①陇… Ⅱ.①甘… Ⅲ.①乡镇—地方志—秦安县
Ⅳ.① K294.25

中国版本图书馆 CIP 数据核字（2018）第 254089 号

·中国名镇志丛书·

陇城镇志

编　　者：甘肃省秦安县陇城镇志编纂委员会
责任编辑：王　品

出 版 人：冀祥德
出 版 者：方志出版社
地址　北京市朝阳区潘家园东里 9 号（国家方志馆 4 层）
邮编　100021
网址　http://www.fzph.org
发　　行：方志出版社图书经销中心
电话　（010）67110500
经　　销：各地新华书店
排　　版：北京纺印图文设计制作有限公司
印　　刷：北京中科印刷有限公司

开　　本：787 × 1092　1/16
印　　张：15.5
字　　数：448 千字
版　　次：2018 年 11 月第 1 版　2018 年 11 月第 1 次印刷

ISBN 978-7-5144-3391-3　定价：125.00 元

序一

习近平总书记指出:“不忘历史才能开辟未来，善于继承才能善于创新……只有坚持从历史走向未来，从延续民族文化血脉中开拓前进，我们才能做好今天的事业。”中国优秀传统文化是在漫长的历史长河中历经无数次涤荡和沉淀而形成的思想精髓，蕴藏着无穷的宝藏和无尽的力量。发掘和继承优秀传统文化，是延续中华文明“根”与“魂”的必由之路。与时俱进，推动传统文化不断开拓创新，是中华文明常葆勃勃生机的重要保证。

“国有史，邑有志。”编修地方志是中国特有的文化现象，是中华民族的优秀文化传统。数千年来，连绵不断的志书编修为保护中华民族根脉，传承中华文明发挥了不可替代的作用。中国现存古志有8000余种，占现存古籍的十分之一。中华人民共和国成立以来，编修完成数万种省、市、县三级综合性行政区域志、部门志、行业志、专志等，编纂数万种地方综合年鉴、行业年鉴和专门年鉴等，整理出版数千种历代方志及相关研究成果，发表相当数量的方志理论与年鉴理论研究成果。这既是对我国国情、地情持续开展的大规模普遍调查，也是对各地自然与社会发展状况进行的综合研究，其成果构成了一座丰富的文化资源宝藏，为各级领导科学决策提供了重要参考，为推动经济社会发展和文化建设发挥了重要作用。

当前，中国特色社会主义进入新时代，全国地方志事业也进入新时代。如今的地方志事业围绕党和国家利益、经济社会发展，以人民为中心开拓创新，志、鉴、馆、史“四驾马车”并驾齐驱，志、鉴、馆、网、库、用、会、刊、研、史“十业并举”，加快实现在全国范围内全面推进地方志从一项工作向一项事业转型升级。在党中央、国务院的亲切关怀和各级地方志工作者的共同努力下，一批紧密结合社会发展需求、具有独特创造性的工作逐步开展，涵盖中国名镇志、中国名村志、中国名山志、中国名水志、中国名街志等“名志”系列文化工程是其中代表。作为首个“名志”系列文化工程的中国名镇志文化工程，启动于2015年，至今已是第三个年头。中国名镇志丛书在记述主体上，选择中国历史文化名镇、经济强镇、特色镇等在全国具有影响力和代表性的乡镇，旨在全面展示中国名镇的文化精髓；在内容题材选择上，重在突出不同名镇的“名”和“特”，力求集中体现不同名镇最精彩的部分，增强可读性；在志书编纂程序设置方面，志书申报、篇目设计、专家审读、专家组验收等流程环环相扣，紧密结合，力争把每一部志书都打造成精品佳志。

习近平总书记指出：“历史和现实都表明，一个抛弃了或者背叛了自己历史文化的民族，不仅不可能发展起来，而且很可能上演一场历史悲剧。”2018年是改革开放40周年，40年来中华大地发生了翻天覆地的变化，乡镇发生了极为深刻的改变，从粗茶淡饭到有机食品，从粗布衣裙到精美时装，从土屋平房到高楼大厦，人民生活水平大大提高，城乡差距不断缩小。然而，在感受辉煌成就的同时，我们也应该看到，许多精巧的古建、精湛的工艺、亲切的乡音、独特的乡俗也在快节奏的发展中与我们渐行渐远，曾经的家乡正逐渐变为记忆中的故园。

党的十九大报告提出乡村振兴战略，此后党中央、国务院又推出一系列重大举措。实施乡村振兴战略，必须全面加强乡村文化建设，培养乡村文化自信，培植文化之“根”，铸牢文化之“魂”。没有乡村文化的高度自信，没有乡村文化的繁荣发展，就难以实现乡村振兴的伟大使命。振兴乡村文化，既要塑形，更要铸魂，必须遵循乡村发展的客观规律，在发展中把文化的精髓保留下来，把乡土味道、乡村风貌的“魂”传承下去。在保留优秀乡村文化内核的基础上，用现代表现方式，把反映时代精神、先进理念的内容通过群众喜闻乐见的文化产品表达出来，才能够让乡土文化具有更强大的生命力。用创新性的模式书写乡镇志，传承和抢救乡土历史文化，激发爱国爱乡情怀，为探索中国特色新型城镇化发展经验、发展模式、发展道路提供历史智慧和现实借鉴，正是实施中国名镇志文化工程的目的和意义所在。

“月是故乡明”。中国人素有“家国情怀”，家乡的山水是最为美丽的，家乡的风俗是充满温暖的，一声亲切的乡音，一口熟悉的家乡菜，都能拨动游子的心弦，让其魂牵梦萦。中国名镇志丛书是一套全面梳理中国名镇历史人文，挖掘文化特色，突出“名”和“特”的镇志。它能让人民群众深刻感受到本土本乡自然的优美、历史的醇厚、人物的杰出、艺文的风雅等，有助于培养人民群众对家乡文化的自信，激发起人民群众浓烈的爱乡爱国情怀，助力国家新型城镇化建设和乡村振兴战略的实施。

是为序。

中国社会科学院院长
中国地方志指导小组组长　谢伏瞻

序二

连绵不断地编修地方志是我国特有的文化传统，为传承中华文明作出了巨大的贡献。在党中央、国务院的高度重视和支持下，这一古老的文化传统焕发勃勃生机，展现新的活力，成为保存、继承、发扬光大中华优秀传统文化的重要依托，培育和践行社会主义核心价值观的重要媒介，社会主义先进文化建设的重要组成部分，发展中国特色社会主义，增强道路自信、制度自信、理论自信的重要载体，在实现“两个一百年”奋斗目标和中华民族伟大复兴中国梦进程中具有不可替代的地位和作用。

事物总是在不断发展中前进。经过改革开放以来30余年的发展，中国特色地方志事业与传统的编修地方志已不可同日而语，形成了志（志书）、鉴（年鉴）、库（地情数据库）、馆（方志馆）、网（地情网站）、刊（期刊）、会（学会）、研（理论研究）、用（开发利用）等多业并举的新格局。截至2015年10月底，全国编纂完成首轮、二轮省、市、县志书8000多种，编修部门志、行业志、专业志、乡镇村志27000多种，编纂地方综合年鉴2300多种，累计整理旧志2500多种，还编纂出版了大量的地情书，字数以百亿计，形成以反映国情、地情为主要内容，全面系统、持续不断、卷帙浩繁的社会科学成果群。另外，还开通了27个省级网站、230个市级网站、816个县级网站；建成国家方志馆1个、省级方志馆16个、市级方志馆86个、县级方志馆近300个。这些成果，成为国家极为重要的文化资源，是国家文化软实力和公共文化服务体系的重要组成部分。

最近几年，地方志工作的触角在不断延伸，部门志、行业志、专业志、特色志、乡镇村志编纂方兴未艾，成为当前地方志事业发展新的增长点和亮点。特别是乡镇志，兴起了编纂热潮，从自发的民间行为逐渐过渡为政府组织的文化行为，有的省份以政府令形式将其纳入地方志编修范畴，像河南省还以省政府办公厅名义要求全省普修乡镇志。乡镇志并不是一个新生事物，据现有资料可考，宋代常棠所撰《澉水志》是现存最早的一部乡镇志。与省、市、县三级志书相比，乡镇志虽属小志，但意义却不小，特别是在当前国家全力推进新型城镇化建设的背景下，乡镇志的作用更显重要。

启动中国名镇志文化工程，是适应当前新型城镇化建设形势发展需要、地方志事业发展形势需要的重要举措，也是充分发挥地方志存史、资政、育人功能的重要手段。作为最基层行政组织的志书，镇志是最接近中国社会发展变迁的国情、地情记录文本，具有重要的历史文献价值。而作为充分反映本区域自然、政治、经济、文化和社会的历史与现状的资料性文献，镇志又能全面展示发展脉络，摸索发展经验，为探索中国乡镇未来发展方向提供借鉴和参考。当然，对于祖祖辈辈生于斯长于斯的中国人来说，故乡就是一个魂牵梦萦的地方，故乡的情怀终生难忘。留得住乡愁，记得住乡思，充分展示名镇文化魅力，激发爱乡、爱国情怀，正是中国名镇志文化工程题中应有之义。

是为序。

中国社会科学院原院长
中国地方志指导小组原组长　王伟光

序三

“国有史，邑有志”，中国自古就有注重编史修志的传统。按照我国目前地方志行政法规，国家各级地方志机构的法定职责是编纂省、市、县三级志书，并不包括县以下的乡镇志和村志。这种规定，一方面可能因为全国有数百万自然村落和数万乡镇，全部实行官修很难实现；另一方面可能因为我国历史上就有“皇权止于县”的说法，县以下的民间社会历来是一个以自治为主的领域。然而，改革开放几十年来，我国社会正在发生巨变，这种巨变在基层社会的乡镇、村落、家庭领域更为深刻。作为“乡之首，城之尾”的镇，逐渐被日益崛起的大都市淹没了光彩，村落在快速的城镇化过程中每天都在大量消失，农村家庭的小型化、空巢化趋势非常突出。在这种情况下，我一直在思考，如何留得住历史文化记忆和乡愁，如何把修志的工作向基层社会延伸？

中国人的“家国情怀”，是从“诚意、正心、修身”开始，到实现“齐家、治国、平天下”。所以从国家一统志，省、市、县三级志，到乡镇志、村志、家谱，也是一个完整的系统。

正是在这种背景下，我们决定启动中国名镇志文化工程。乡镇是无数中国人生命的底色和成长的摇篮。如何在城镇化进程中，留得住乡愁，记得住乡音，忘不了乡思，事关城镇化进程的人文关怀和文化保护，事关文化血脉的传承。同时，科学记录城镇化进程，反映城镇化成就，也为今后探索城镇化发展规律、积累经验提供了基本素材。作为全面系统记述一定行政区域的自然、政治、经济、文化和社会的资料性文献，志书是以上功能最好的载体。

我国目前有 4 万多个乡镇，全部修乡镇志还不具备条件。中国名镇志丛书选择的是传统文化名镇、历史军事重镇、革命历史名镇、民族特色名镇、特色经济名镇、旅游景观名镇等类型的乡镇，应该是最具代表性的，在中国乡镇文化传承和社会发展中具有标杆意义。

编纂中国名镇志丛书是对乡土历史文化的保护。随着城镇化进程加快，有不少乡镇被撤并，有些还是在历史上有重要意义的历史文化名镇、特色镇等。如不及时对其历史进行整理、记录，这些重要的历史资料将散佚殆尽。因此，中国名镇志丛书的编纂是对宝贵历史资料的抢救。

编纂中国名镇志丛书是对乡土意识的传承。什么东西有魅力？故乡的山水，乡音乡情的记忆，乡土的气息和家乡菜的味道，不管走到哪里，总是触动心弦。中国名镇志丛书记录的是家乡的山山水水，家乡的历史文化，家乡的风土人情，留住的是乡愁。这些最能激发远方游子和本地民众的爱乡情怀、爱国情怀。

编纂中国名镇志丛书是一种学术探索。镇志的编纂，实质也是一次深入的社会调查研究。“麻雀虽小五脏俱全”，相比省、市、县，乡镇第一手资料的获得需要付出更大的努力。我们也希望在志书编纂上有所创新，使中国名镇志丛书成为一套图文并茂、雅俗共赏的新型志书。

中国社会科学院副院长
中国地方志指导小组常务副组长 李培林

中国名镇志文化工程专家委员会

名誉主任 徐匡迪

主　　任 谢伏瞻

常务副主任 李培林

委　　员（按姓氏笔画排序）

毛其智　叶裕民　李　铁　李善同

杨保军　柳　拯　倪鹏飞　魏后凯

中国名镇志文化工程学术委员会

主　　任 李培林

常务副主任 冀祥德

副 主 任 邱新立

委　　员（按姓氏笔画排序）

于伟平　王　晖　王铁鹏　巴兆祥

田　嘉　苏炎灶　李　江　李孝聪

张大伟　张英聘　陈泽泓　陈　强

黄晓勇

中国名镇志丛书编纂委员会

中国名镇志丛书编纂委员会办公室

甘肃省秦安县陇城镇志编纂委员会

主　　任	王东红	程江芬			
副 主 任	郭海军	杨仁义	徐东明	张耀清	于剑锋
	张荣生	李志强	郭四亮		
委　　员	柳聪颖	王耀荣	王忠贵	郭丽英	邵世刚
	王芳顺	王全定	胥小维	王　林	宋小荣
	邵彦军	杨亚洲	李永祥	高仲德	安让金
	薛国芳	胡天顺	赵志林	赵育红	
特邀编审	汪聚应	雍际春	刘雁翔		
学术指导	王广林	王文杰			

甘肃省秦安县陇城镇志编辑人员

主　　编	高仲德			
副 主 编	万致明			
编　　辑	杨鹏春	李安阳	付成杰	胡洁琼
摄　　影	高仲德	万致明	杨鹏春	李安阳
	付成杰	杨变红	马满平	成　林

街亭之战纪念亭

中国名镇志丛书凡例

一、以马克思列宁主义、毛泽东思想、邓小平理论、“三个代表”重要思想、科学发展观、习近平新时代中国特色社会主义思想为指导，坚持辩证唯物主义和历史唯物主义的立场、观点和方法，存真求实，全面、客观、系统记述中国名镇城镇化进程和改革开放成果，传承和抢救乡土历史文化，激发爱国爱乡情怀，留住乡愁，为探索中国特色新型城镇化建设、服务乡村振兴战略提供历史智慧和现实借鉴。

二、为全面反映入志事物发展脉络，各志上限追溯至事物发端，下限一般断至各镇志启动编修年份，个别重大事项可延至搁笔。详今明古，着重反映时代特色和地方特点，重点体现各镇的“名”与“特”。

三、记述地域范围以下限年份的行政辖区为主。为体现名镇在更大区域内的意义，可以从更开阔的区域视野记述与该镇相关的内容。

四、统一采用纲目体，设类目、分目、条目三个层次。横排门类，纵述史实，述而不论。

五、综合运用述、记、志、传、图、表、录等各种体裁，以志体为主。体裁运用适当创新，篇目设置不求面面俱到，一般意义上的乡镇级内容略去不载。

六、除引用文字和附录文献资料外，统一使用规范的现代语体文记述，行文力求朴实、严谨、简洁、流畅、优美，具有较强可读性。

七、人物部类遵循“生不立传”原则，人物传主按生年排序，只选录对本镇发展有重大影响的人物，不面面俱到。

八、各项数据一般采用国家统计部门数据。数据缺乏的，采用主管部门或主办单位正式提供的数据。

九、数字用法、标点符号、计量单位分别执行国家标准《出版物上数字用法》（GB/T 15835—2011）、《标点符号用法》（GB/T 15834—2011）、《国际单位制及其应用》（GB 3100—1993）和《有关量、单位、符号的一般原则》（GB 3101—1993）。历史上使用的计量单位，如斗、石、里、尺、磅、华氏度等，在引文时可照录。考虑到社会使用习惯，全书中亩不统一换算。

十、中华民国成立前的纪年，使用朝代年号纪年，括注公元年份；中华民国成立后的纪年，均使用公元纪年。志中所称“解放前（后）”，以该镇解放日为界；“新中国成立前（后）”，以中华人民共和国成立日 1949 年 10 月 1 日为界；“改革开放前（后）”，以 1978 年 12 月中共十一届三中全会召开为界。本志“×× 年代”，凡未加世纪者，均指 20 世纪。

十一、为节省篇幅，避免重复，本志采用条目互见法。参见条目的表示形式为：参见本志“×× 类目 · ×× 分目 · ×× 条目”。

十二、对旧志、古籍中的繁体字、冷僻字一般用简化字或通用字替换，易引起误解的则保留。

十三、记述各个历史时期的党派、机构、职务、地名等，均以当时的名称为准。对频繁使用的名称，首次用全称并括注简称，其后用简称。

十四、各镇志需要单独说明的事项，均在各自编纂始末中记述。

陇城镇在中国的位置

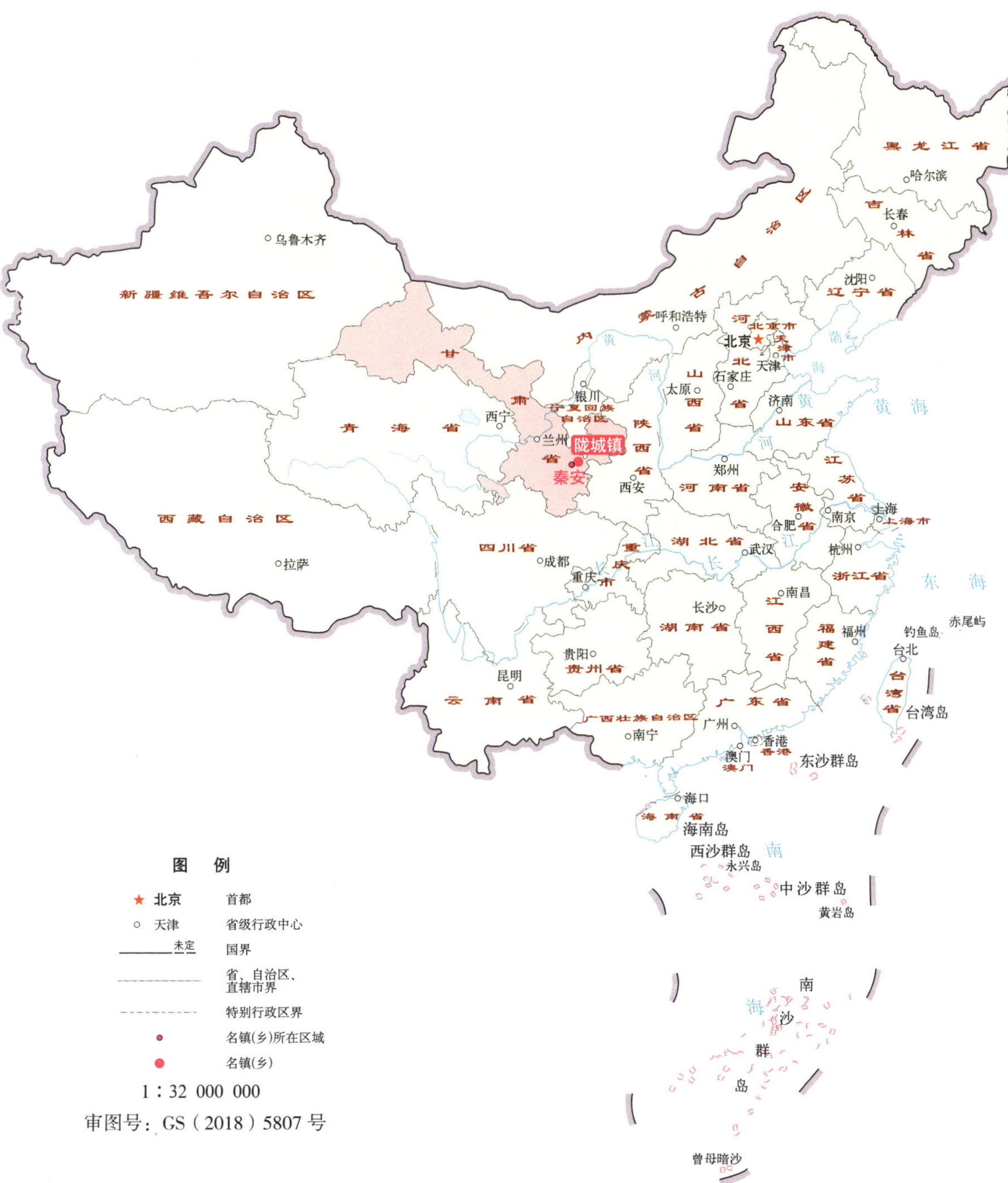

陇城镇在甘肃省的位置

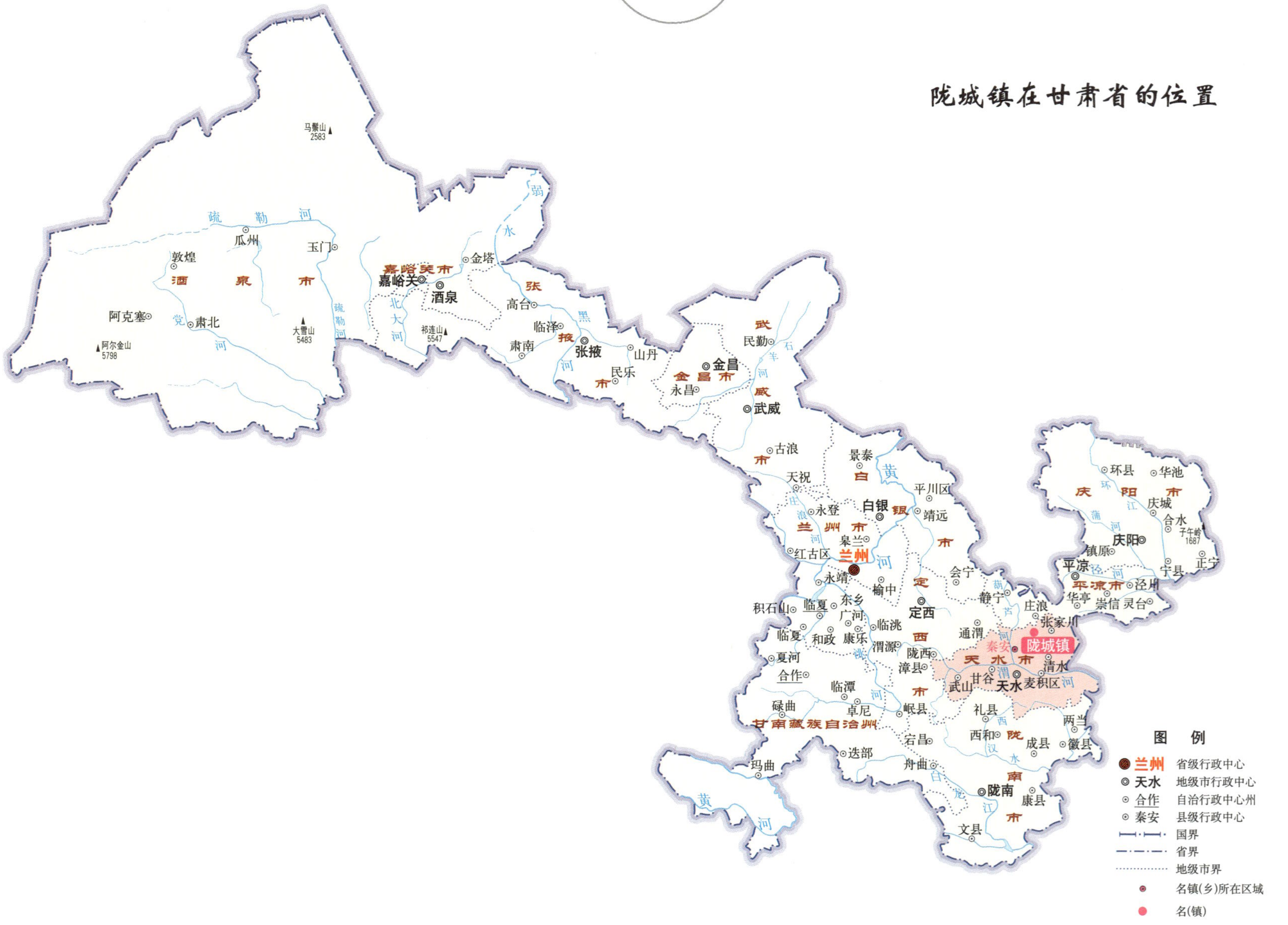

陇城镇
兰州
天水
秦安
张家川
清水
麦积区
甘谷
武山
通渭
庄浪
静宁
平凉
庆阳
定西
白银
武威
金昌
张掖
酒泉
嘉峪关
陇南
合作
临夏
甘南藏族自治州
图 例
兰州 省级行政中心
天水 地级市行政中心
合作 自治行政中心州
秦安 县级行政中心
国界
省界
地级市界
名镇(乡)所在区域
名(镇)

1：5 790 000

审图号：GS（2018）5807 号

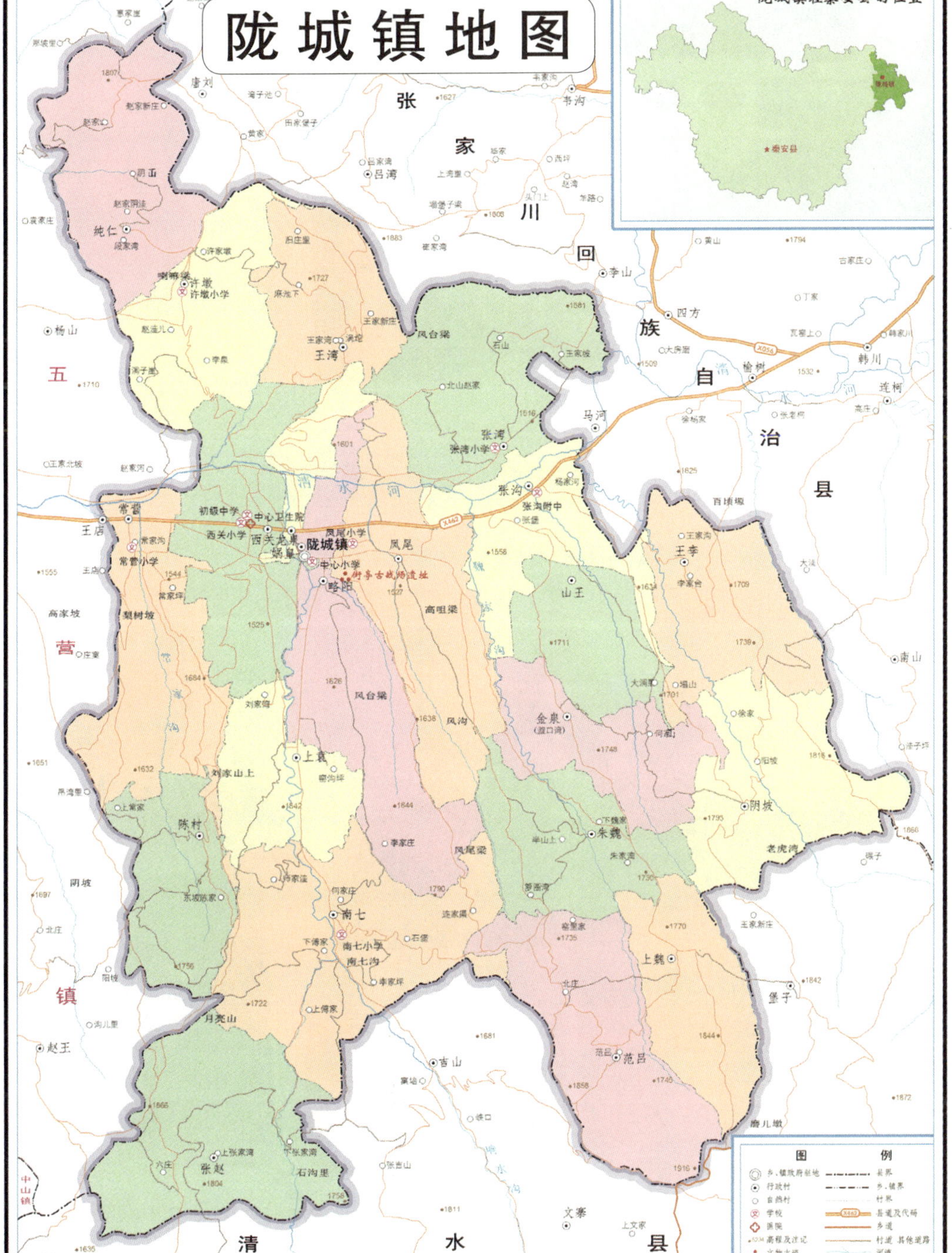

审图号：甘S（2017）72号　本图界限不作为划界依据，仅供参考。　甘肃省测绘地理信息局监制　甘肃省基础地理信息中心编制　二〇一七年十二月

“娲皇故里”牌楼

女娲祠

女娲塑像

陇城古城墙

陇城明清街

西番寺大雄宝殿

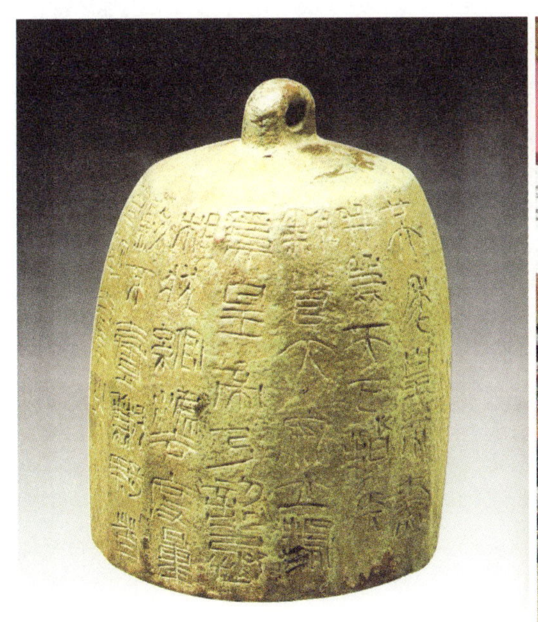

秦铜权

高抬表演

女娲洞

陇城镇牌坊

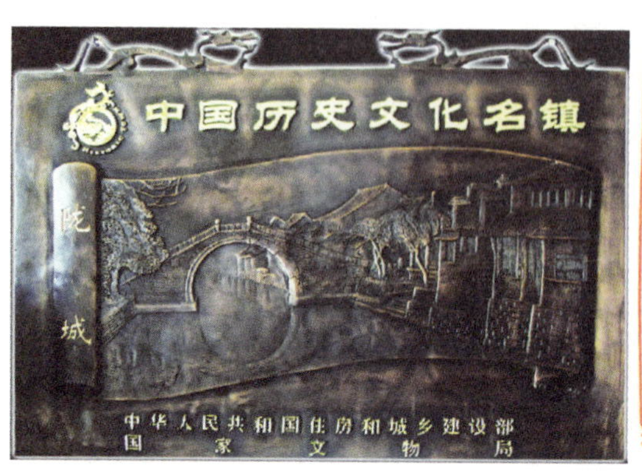

"中国历史文化名镇"铭牌

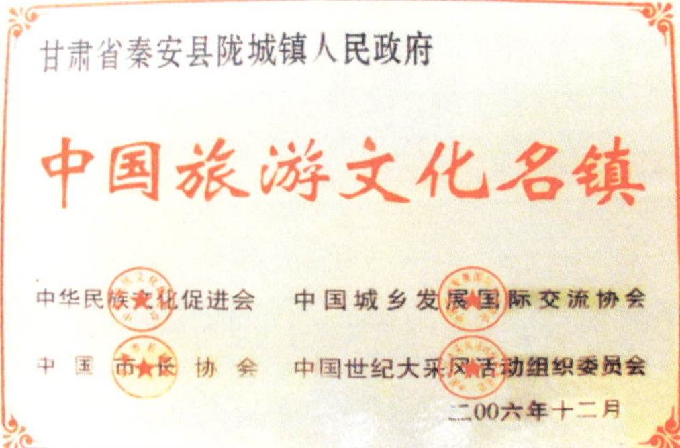

"中国旅游文化名镇"铭牌

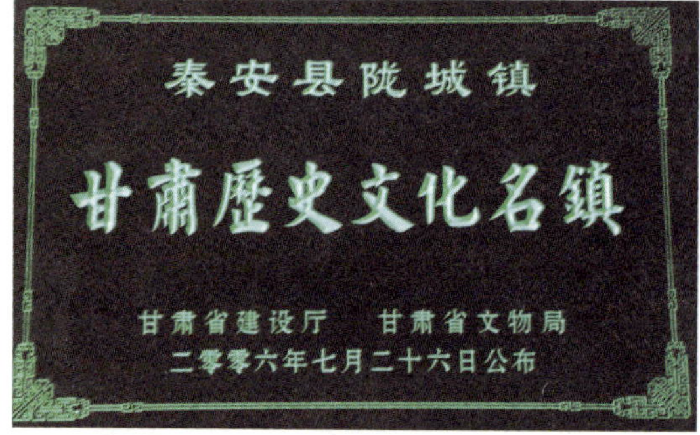

"甘肃历史文化名镇"铭牌

"国家级非物质文化遗产"铭牌

略阳古城（木雕）

目录

西出陇山第一镇

陇城，大西北黄土高原上的一座小镇，丝绸之路西出陇关的古老驿站。这里是中国女娲文化的发源地之一，也是三国时期蜀魏街亭之战的旧址。

女娲祠、街泉亭、常平堡、明清街依然传续着昨天的历史，今天的陇城已华丽转身为天水市十大魅力乡镇。

陇城镇，位于甘肃省秦安县东北部，是古丝绸之路由西安进入甘肃的重要驿站，向有西出陇山第一镇之谓。自秦汉置郡县始，为郡、为县、为道、为寨、为镇，盛衰屡显。商贸发达，人文荟萃，历史积淀深厚。

2006 年，陇城镇被命名为“甘肃省历史文化名镇”“中国旅游文化名镇”。2008 年，荣膺住房城乡建设部、国家文物局“中国历史文化名镇”称号。2009 年，被评为“天水市十大魅力乡镇”。

一

陇城是中国女娲文化的发源地之一。清宣统《甘肃新通志》云：“相传女娲氏风姓，生于风台，长于风谷，葬于风茔。”另据清光绪十四年（1888）李勉所书《西番寺碑记》云：“陇城镇，历代相传为娲皇故里。娲皇姓风，生镇之南，有风台、风茔，其东南又有风谷，盖皆以姓名地焉。”

陇城的娲皇之祭，由来已久。明胡缵宗《秦安志》载，陇城女娲祠始建于汉以前。北魏郦道元《水经注·渭水》云：“略阳川水又西北流入瓦亭水。瓦亭水又西南出显亲峡，石宕水注之。水出北山，山上有女娲祠”。

民间对于娲皇的崇拜浸润于风俗民情之中。庄严肃穆的祭祀，雅俗共赏的酒令，延续千年的庙会，特色独具的小曲，精巧别致的马尾荷包以及丰富多彩的民间传说，无不流淌着女娲文化的远古神韵。

陇城庙会，历史悠久且久盛不衰。农历正月十五的女娲庙会和三月十九的西番寺庙会，融祭祀、商贸、文娱、体育于一体，以浓郁的地方特色吸引着四方游客。2006 年起，天水市在秦安县先后三次召开全国性女娲文化研讨会，并在陇城镇举办公祭人文始祖女娲大典。2011 年 5 月，女娲祭典被文化部列入第三批国家级非物质文化遗产名录。

二

陇城因大陇山和秦王朝所建战国城而得名，是一个汉、羌、氐、回多民族融合之地，自古为关陇交通要道和物流中心。

西汉元狩四年（前 119），随着丝绸之路开通，地处清水河谷的陇城商贾云集，流通日渐繁荣。

隋唐时期，陇右繁富。北宋司马光《资治通鉴》载："是时中国盛强，自安远门西尽唐境凡万二千里，闾阎相望，桑麻翳野，天下称富庶者无如陇右。"

明清时期，陇城已是关陇道中的商贸重镇。山西会馆、都宪牌坊、"娲皇故里"牌坊相继落成，铺面、楼阁鳞次栉比。现存于陇城镇内的明清建筑多为商铺，其中陇城明清街是天水市保存最完整的古代商贸街区。

三

陇城地处秦陇咽喉，为历代兵家必争之地。有据可考的重要战事 30 余起。魏蜀街亭之战因关系蜀之存亡，更因《三国演义》推澜而声名远播；东汉略阳之战，光武帝刘秀亲征陇上，中郎将来歙奇袭略阳城，与占据陇右的隗嚣在陇城激战，上演了伐木开道、野斩金梁、激水灌城、五路上陇、略阳解围、得陇望蜀等一幕幕精彩战事。这些战事《后汉书·来歙传》有详细记载。除此之外，陇上壮士陈安退保陇城、血战平先之战更是感人泣下。这些重要战事和历史名人使略阳彪炳史册，扬名海内外。

四

历史记载着过去，也孕育着未来。陇城几千年的历史文化积淀，成为促进当地经济社会发展的重要基础。

中华人民共和国成立后，陇城人民在中国共产党领导下，发扬女娲补天的抗争精神，治山整地，改造自然，成为甘肃省农业战线的先进典型。进入21世纪，陇城镇在持续强化农业基础建设的同时，借力中央扶贫开发优惠政策，着力现代农业和新农村建设，镇村面貌发生巨大变化；依托区位优势和文化资源，突出发展商贸和文化旅游业，产业结构进一步优化，经济发展更具活力。

新的历史时期，陇城人民正抓住乡村振兴和建设文化大省的机遇，发挥“中国历史文化名镇”和“中国旅游文化名镇”的品牌效应，挖掘历史资源，助推经济发展，建设更加繁荣、文明、和谐的新陇城。

陇城镇远眺

基本镇情

陇城镇位于陇东南黄土高原，域内多山梁沟壑，历史上农业生产比较落后。中华人民共和国成立后，大搞以改土治水为重点的山区综合开发，农业基础条件明显改善。进入21世纪，借力国家扶贫开发政策，依托交通区位优势，发掘历史文化资源，突出发展商贸和文化旅游业，经济实力不断增强，人民生活日益改善。2009年，陇城镇被评为“天水市十大魅力乡镇”。

区位 交通

区位 陇城镇位于秦安县东部，东接张家川回族自治县龙山镇，南靠清水县松树镇、王河镇，西连秦安县五营镇，北依梁山镇。地理坐标为北纬 34°59′，东经 105°58′，海拔 1450 米。全镇面积 78.94 平方千米，镇区面积 7.2 平方千米。

交通 陇城地处古略阳川水（今清水河）中游，是丝绸之路西出长安经陇关进入甘肃天水段的中大道，是陇山之西古道上的交通枢纽。东经龙山、张川、马鹿、陇关直通关中；南经清水县王河、远门，越渭河达天水；西经九龙山（今秦安县中山镇）、成纪（今秦安县叶堡镇）、通渭县直至兰州；北经马关、梁山、庄浪可达海固，故称“四通地”。此四条道一直被称为官道，有“秦汉故郡略阳，关陇要道街亭”之誉。

建置区划

建置沿革 夏商为西戎地。

周灭商后，陇城地属秦。

秦昭襄王二十八年（前 279），设陇西郡，陇城地属陇西郡。

西汉元鼎三年（前 114），从陇西郡析置天水郡，置街泉县，县治今陇城镇。

东汉时期，废街泉县、略阳道，置略阳县，县治今陇城镇。

三国时期，魏文帝黄初三年（222），从天水郡分置广魏郡，陇城属广魏郡略阳县。

西晋泰始五年（269），广魏郡更名略阳郡，郡治临渭，略阳县属略阳郡。

东晋十六国时期，镇域先后为前赵、后赵、前秦、后秦、西秦、东晋等领属。

南北朝时期，魏太武帝太延五年（439），北魏统一北方，镇地属北魏。

北魏时期，太平真君八年（447），略阳县更名陇城县，县治今陇城镇。

西魏大统元年（535），略阳郡徙治陇城县，郡治今陇城镇。陇城县更名略阳县。

隋朝，废郡为州。文帝开皇三年（583），废略阳郡，略阳县更名河阳县，县治今陇城镇。开皇六年，河阳县更名陇城县，县治今陇城镇。

唐武德二年（619），以陇城县置文州，州治今陇城镇。武德八年，改文州为陇城县，属秦州，县治今陇城镇。太宗贞观六年（632），废长川县，并入陇城县，县治今陇城镇。

五代十国时期，陇城镇地先后为后梁、后唐、前蜀、后晋、后蜀、后周所辖。

北宋庆历五年（1045），置陇城寨，寨治今陇城镇。

南宋建炎四年（1130），镇地陷于金。

金大定二十七年（1187），改陇城寨为县，县治今陇城镇。

元至元七年（1270），将陇城县、鸡川县并入秦安县，镇属秦安县，沿袭至今。

行政区划 2003年，陇城乡改为陇城镇。2007年，陇城镇人民政府根据《秦安县人民政府关于小村并大村的精神》，将中庄合并到阴坡村，头图合并到王李村，常营、常坪、梨园合并为常营村，南七、石堡、张付合并为南七村，李庄合并到略阳村，赵山合并到崇仁村。合并后陇城镇人民政府辖娲皇、龙泉、西关、凤尾、略阳、常营、上袁、南七、陈村、张赵、范吕、上魏、朱魏、金泉、山王、张湾、张沟、王李、阴坡、王湾、许墩、崇仁22个行政村，67个自然村。

自然地理

地貌　陇城镇属黄土高原内陆梁峁沟壑区。地形特点为东高西低，境内海拔1450 ~ 1924米，山梁、川台、沟谷相间，地势起伏，山多川少，植被较差，水土流失较为严重。

镇区分布在清水河中游河谷开阔地，海拔1450 ~ 1500米。清水河自东向西流经域内，最宽处2.5千米，全长8.5千米，流域面积约18.7平方千米，形成一条较开阔的一、二级河谷阶地，地势平坦，土壤肥沃。清水河把陇城镇分为南北两大部分，河两岸山势原为较大的高原面，因常年雨水侵蚀形成残塬、梁峁、沟壑、土柱、洞穴、绝崖峭壁等地貌，山区海拔均在1800米以上。

清水河南面山梁为东北—西南走向，山梁沟壑相间，有头图堡梁、八卦山梁、庙山梁、剪子山梁、风台山梁、盘龙山梁、常营山梁七道山梁；王李沟、山王沟、朱魏沟、风沟、郑家沟、南七沟、常营沟七条沟壑。北面有北山梁，为东西走向，有北山大沟。南北两大山梁相互对峙，构成独特的地形地貌。

陇城镇南山

地质 陇城镇属黄土高原陇西系旋卷构造带。地质基础在板块构造上，属古西北板块之一的中祁板块组成部分。断裂、褶皱有一定发育，褶皱主体由古生代地层构成。古生代深度变质岩在新生代第三纪初期，受六盘山上升的陇山运动影响，域内大部分地区为下陷区，在其侵蚀面上覆盖了深厚的第三纪红层，红层之上覆盖午城黄土、砾石黄土和马兰黄土。河谷地带的三级阶地以下，呈洪积性黄土，河谷内为现代的砾石层和冲积层，呈洪积性灰褐色黄土。黄土梁峁顶部及近顶部两侧为黑垆土和黄绵土。陇城镇大部分土质属黄绵土质，有少部分属黑红土质。域内南七沟储有石灰岩，储量多、质量好，是生产水泥的原料。此外，在朱魏、上魏东面山坡上有零星分布的石膏。

气候 陇城镇居内陆腹地，属陇东南部温和半湿润向半干旱过渡的大陆性季风气候。春季干旱，多风；夏季炎热，多暴雨；秋季连绵多雨；冬季寒冷干燥、少雪，多晴冷天气，常伴有寒流。四季分明，光照充足，夏无酷暑，冬无严寒。

土壤 大地湾考古证明，境内早在7300年以前已有农事活动。千百年来，随着自然环境变化，域内自然条件渐变复杂，形成多种土壤类型。20世纪70年代，经土壤普查，陇城镇土壤分为绵土、黑垆土、褐色土、侵蚀性幼年土、淀土、垫土6个土类。

山梁

盘龙山 位于陇城镇南，南北走向，南高北低，是大陇山石庙子梁至三阳川梁的主要分支，又是陇城镇内最长、最雄伟的山梁。全长22.5千米，陇城境内长13千米，最

盘龙山梁

高峰大平山，海拔 1924 米。

盘龙山为陇城镇通往天水的最近官道，距天水城 63 千米。魏蜀街亭之战时，是蜀军来往的要道。

陈村梁 位于陇城镇西南，盘龙山支脉，南北走向，南高北低，海拔平均高度 1730 米，长约 6 千米。梁东为常家沟，西为陈家峡、王家沟。山梁多为黄土覆盖，唯独陈村为黑土层，故又名黑土子陈家。

凤尾梁 位于陇城镇南，南北走向，南高北低，全长约 20 千米。在今陇城镇境内长约 5 千米，南部窄而狭，北部宽而阔。分为范吕梁、风台梁、连渠梁，三梁相连，形如凤尾，故名凤尾梁。明末清初，曾建有东皋寺，名曰寺坪，是三国街亭之战马谡的主要营寨，今建有街亭之战纪念亭。

四龙堡梁 位于陇城镇东南，南北走向，南高北低，海拔 1950 米。从四龙堡分出四条梁，陇城镇境内有头图梁、八卦梁、上魏梁。

头图梁 从四龙堡梁分出的第二条山梁，南高北低。南部长而窄，北部阔而圆，犹如一把琵琶，又名琵琶梁。南部沿洪王家经中庄梁、头图梁到王李村，形如琵琶的杆，北部是一块平展的黄土坪，恰似琵琶的鼓腹，名曰百倾塬。此地亦为三国古战场马谡兵营之一。

八卦梁 从四龙堡梁分出的第三条山梁，又名阴坡梁，南起四龙堡梁，北至张家沟，南北走向，海拔 1760 米。梁顶部形如一顶八角帽，故名八卦梁。八卦梁又称

百顷塬

八卦梁

大寺里。宋元时期梁顶建有一处规模宏大的寺庙，后毁于兵燹，今寺毁名存。

上魏梁　从四龙堡梁分出的第四条梁，南北走向，海拔 1770 米。其梁中部为金泉梁，北部为庙山。清初，建关帝庙院，今庙毁址存，故名庙山。

北山梁　又名青龙山梁，位于陇城镇清水河北岸，东西走向，东高西低，是水洛河与清水河的分水岭。东起大陇山石庙子梁，经南阴梁、连五梁、梁山梁进入陇城境内。镇内有赵山梁、许墩梁、王湾梁。

赵山梁　又名雷神庙梁、闸山咀梁，海拔 1924 米，东北与梁山镇接壤，西连五营镇。梁顶有雷神庙，陇城镇绅民为保当地风调雨顺，于每年农历四月初一在此祭祀雷神。

许墩梁　又名喇嘛梁，东连王湾旧庄梁，西接杨山梁，东西走向，平均海拔 1840 米。

王湾梁　位于陇城镇北 3.5 千米，村落呈弧状，平均海拔 1826 米，又名北风台梁。明《秦安志》曰："其山当陇城之北，有女娲庙……庙存而祀废矣……迤南为野战坡，东

上魏梁

汉来歙袭隗嚣，与嚣战于此。”山顶有古代烽火台遗址。

略阳川

略阳川又名陇城川、卧龙川。东起马家河，西至乱谷堆，长 8.5 千米，均宽 2.2 千米，最宽处 2.5 千米，面积 18.7 平方千米。东高西低，海拔 1.5 千米。略阳川在陇城境内分为王家川、陇南川、大营川。

王家川 位于略阳川东。东起杨家河村，西至凤尾村，南北宽约1.5千米。民国时期，因修四马公路，出土一口铜质行军锅，上下两层，铸有“汉大丞相武乡侯制”字样，为街亭之战蜀军遗物；川之东口张湾村有马家塬齐家文化遗址、明代御史王恕故居。

陇南川 位于略阳川南。南高北低，长 3.5 千米，宽约 600 米，面积 2.1 平方千米，海拔 1520 米，有上袁、南七两个行政村。南七有“秦避难山”。相传秦二世时期，赵高杀害秦二世之后，有嬴氏一皇室后裔为避赵高谋害，逃奔南砌（今陇城镇南七村），后人称其为“秦避难山”。

大营川 位于略阳川西。东起西关村，西至常营村，南北宽 2.4 千米。1965 年，当地农民在修梯田时发现一铸有“蜀”字弩机，为三国街亭之战遗物。

河流

干流 陇城境内的主干河流为清水河，也称北大河。清水河发源于陇山石庙子梁，东水西流，域内流经陇城镇杨家河、韩家河至常营入五营河，全长 8.5 千米。年平均流量 0.63 立方米 / 秒，年均流量 1994 万立方米，年侵蚀模数为 6800 吨 / 平方千米，年输沙量 215 万吨。域内有一级支流 5 条，最长为南七沟水，长 12 千米。

支流 王李沟水。即《水经注》所言“破社谷水”。水出清水县松树镇堡子梁，南

清水河

水北注，经镇内阴坡、中庄、上徐家、李家台子、王家沟入清水河，全长5千米。

山王沟水 《水经注》云“平相谷水”。水出清水县松树镇堡子梁，南水北注，经镇内何家洼、大涧里、山王村、张家沟村入清水河，全长6千米。

魏家沟水 《水经注》云“金里谷水”。水出清水县松树镇文寨村，南水北注，经镇内范吕、上魏、朱家湾、下魏家、部阁堂入清水河，全长6.5千米。

风谷水 又名南窑沟水，发源于连家渠，经女娲洞、新城村西入清水河，全长约3.5千米。

南砌沟水 又名南小河，《水经注》云“南室水”。水出清水县，分东西二源。东水源于王河镇王马家，南水北注，经响水村至南七村湾儿里到下傅（付）家入南小河。西为石沟水，源于樊家石湾，经张赵村下张家湾、石沟、南七村、下傅（付）家入南小河水，再经何家、上袁、略阳、西关入清水河，域内长12.5千米，流域面积17.1平方千米，年径流量111万立方米，为清水河主要支流之一。20世纪70年代以前，沿河建有立轮水磨12座，现为季节河，河水时有时无，水磨无存。

常家沟水 位于陇城镇西南，《水经注》云“蹄谷水”。源于栓猴子湾，南水北注，经陈村、东坡陈家、黑土子陈家、刘家山、上常家、常营村入清水河，全长5.5千米，流域面积6.1平方千米，年径流量38万立方米。

南砌沟水

村落

娲皇村 位于陇城镇中心，是镇政府治地。东连凤尾村，南依略阳村，西接龙泉村，北临清水河。村民分住于城内城外，城外又分为南川、三角地、大园子、菜子川四地。2016 年，全村耕地面积 2142 亩，人口 338 户、1649 人。娲皇村古为陇城城邑，历史悠久，城内为历代政府衙门治地。

历史上，村内曾建有女娲祠、关帝庙、文庙、城隍庙、义学、社学、私塾、民国小学、陇城镇中心小学、陇城教育园区、关帝庙戏楼、商铺、作坊、钱庄、字号、外商会馆等。

凤尾村 位于陇城镇区东，与娲皇村毗邻。东临部阁堂，南靠寺坪山，西连略阳村，北依清水河。由唐家新庄、三棵树、新城里三个自然村组成。2016 年，全村耕地面积 3776 亩，人口 541 户、2466 人。相传，远古时代，这里曾有一个崇拜鸟图腾的氏族部落，因村依南山，其山形如鸟之尾部，故名凤尾。“文化大革命”期间，因忌村名有“四旧”之嫌，更名“东风”，1983 年，恢复原名凤尾。

凤尾村地处陇城镇清水河沿岸，有较开阔的河谷阶地和川台梁峁地。黄土层覆盖厚，土质肥沃，宜种植。

凤尾村古迹颇多，有女娲洞、羲皇寺、马谡兵营、陇城新城、凉飔阁遗址、东皋寺遗址、明代都察院右副都御史张锦墓、清代桑世雄墓，又是清代进士彭绳祖出生地。凤尾村自古重视教育，清有义学，民国有私塾，1957 年办凤尾初级小学，1969 年兴办凤尾小学。2006 年，建老年活动中心一所。凤尾村新农村建设成效明显，被秦安县政府命名为“新农村建设示范村”。

略阳村 位于陇城南门外，东连凤尾村，南近上袁村、西临龙泉村，北依陇城城区。该村由南城壕、柴家庄、李家台子、袁家庄、南川口、周家山庄、李家庄子、刘家湾 8 个自然村组成。2016 年，全村耕地面积 2459 亩，人口 263 户、1643 人。

略阳村东靠南风台梁、郑家沟，传为女娲生长之地。两汉以前，郑家沟是一缓湾地带，郑家河水高于陇城南城门，经柴家庄有小溪从南城门流入城内，穿街走巷，从北城门流出。每逢雨季，郑家沟水从南城门外切入南城壕护城河，入南小河。南城门外护城河在当地还流传有“要从略阳城边过，见一对鸳鸯池边卧”之说。水为鸳鸯提供了良好的生息环境，后来，由于自然灾害频发，南风台梁之缓湾形成一条深沟，郑家沟水流入南小河，从此再无穿城水。

龙泉村 龙泉村历史悠久，村名源于女娲“抟土造人”取其当街泉水的传说。

东依娲皇村，南连略阳村，西接西关村，北临清水河，属于陇城镇区，南小河从南向北绕村而过。2016 年，全村耕地面积 1834 亩，人口 209 户、1050 人。该村名胜古迹有龙泉、龙泉寺。

四马公路穿境而过，为街亭大道和娲皇路的交汇点，每天有从龙泉村发往四面八方的客运汽车。以龙泉为中心的街道是陇城镇集市贸易最繁华的地段，商铺林立。自古以来，龙泉寺一直是陇城商贸流通的集散地之一。

龙泉村文化底蕴深厚。社火表演源远流长，独具匠心。尤其是高抬演出，内容丰富、设计精湛、造型玄妙等，为陇城一绝。每年春节都上街演出，曾多次获天水市、秦安县春节社火调演金奖。2008 年 10 月，龙泉村社火队代表甘肃省参演民间社火高抬《伏羲画卦·女娲补天》，在广州举办的第七届中国民间艺术节暨“山花奖”中国民间飘色（抬阁）艺术展演与评奖活动中荣获银奖，并获第九届中国民间文艺“山花奖”民间艺术表演奖入围作品。

西关村 位于陇城镇镇政府西 1 千米处，东连龙泉村，南枕盘龙山之西番坪，西接常营村，北临清水河。为清水河河谷一级台阶最宽处，东西 1.5 千米，南北 2.5 千米。

汉置街泉县时，村处县城西，属城区，故名西关。2016 年，全村耕地面积 1958 亩，人口 330 户、1572 人。

2009 年，经土地流转，已建成西番坪、大沟门、大营川 3 处联户连片优质苹果种植基地。

西关村今为陇城镇经济、文化、教育中心。村内有街亭大道商业街，商户 36 家，经营百货、餐饮、住宿、建材、加工、物流等。文化积淀深厚，有仰韶早、中、晚期大沟门烧陶遗址，有两千多年历史的西番寺。西关村马社火享誉清水河。二十世纪六七十年代，该村现代剧表演，深受周边社队的青睐。村内有陇城剧场、镇文化站等文化设施。西关村人重视教育，明清时期有私塾两家，称“前学里”“后学里”。据《姜氏家谱》记载，仅清代就有太学生姜绩、姜建周等9人，廪生1人，秀才2人，协台1人。民国时期，陇城镇高级小学设于此。中华人民共和国成立后，秦安县第六中学建在西关村。1958年，天水地区黄河水利委员会在今西番寺兴办天水水利学校（中专）。今有陇城初级中学、陇城中心幼儿园。

常营村 原名常家沟村。据《常氏家谱》载，明初，山西商人常氏到陇城经商定居，生三子，从此人丁兴旺。清代中期，人口发展到近千人，多数亦农亦商，为陇城镇之大村。

常营村位于镇政府西2.5千米处，东有盘龙山，西有常平堡子山，两山夹一沟。东接西关村，南近陈村，西与五营镇王家店、蔡河村相连，北邻清水河。2016年，全村耕地面积4216亩，人口570户、2551人。由常营、常坪、梨园3个自然村组成，村委会设在梨园村。

清同治元年（1862），天水总兵杨永魁率3000清兵于村东安营扎寨，对在清水河莲花城、张家川起事的回民军进巢，并发生激战。后人称其地为常家大营，后改村名为常营。

民国时期有私塾和常营初级小学。中华人民共和国成立后有常营小学。村内建有常平堡文化公园、惠泽王庙。

上袁村 位于陇城镇南2.5千米处，东依南风台梁，南接南七村，西靠盘龙山，北近略阳村。2016年，全村耕地面积1864亩，人口183户、790人。

元代以前名陇南村，明代名袁家坡。清代为与略阳村之袁家庄区别，故改名为上袁。由袁家坡、窑沟坪两个自然村组成。窑沟坪原名“姚公坪”，秦汉时，为姚氏住地，有一姚氏乡绅家业殷实，为人淳朴，人们称其为“姚公大人”。后因战乱，姚氏族人外迁，今留姚公台遗址。清代有中山镇窑沟王氏因经商迁入，故名窑沟坪。

1967年，在上袁村发现秦汉墓群。2009年，秦安县人民政府将上袁、南七秦汉墓群定为县级文物保护单位。

上袁村人才辈出，仅清代王氏一族就有太学生王肯堂、王升堂、王简、王保三、王尊三5人。民国时期，袁氏后人袁世庵、袁海珊、袁炜3人先后在秦安县内任镇长之职。

南七村 位于陇城镇南3.5千米处。其村三面环山，东与范吕村相邻，南与清水县风茔、西坡、吉山村相连，西与张赵村相依，北近上袁村。所处南砌沟为陇城镇与清水县南北相接的一条大峡谷，多石山。南室水由南向北穿峡北流 15 千米，有“九门九关厢”之称。

南七村辖何家、师家洼、下付家、石堡、连家渠、李家坪、张付家、上付家、湾儿里 9 个自然村，村委会设在何家村。2016 年，全村耕地面积 5003 亩，人口 398 户、1828 人。

相传南砌付姓为前秦苻氏之后裔。前秦政权被后秦推翻，苻氏人为不被杀绝，在南砌沟的一部改“苻”为“付”姓。

据《秦安县戏曲志》记载，南七村在清代就有村社戏班，保存至今的秦腔脸谱为县内重要文物。民国时期，建南七初级小学。1969 年，扩建为南七附属中学，今为南七小学。清光绪三年（1877）建太白庙、戏楼，1980 年，戏楼因年久失修重建后，改名为陇南舞台。太白庙会为南砌沟十里八乡之盛会。

张赵村 位于陇城镇南 13 千米处，东临清水县吉山村，南依清水县南湾村，西与秦安县五营镇赵王村毗邻，北与南七村相连，为山区行政村。由六庄、上张家湾、张家河湾、石沟 4 个自然村组成，村委会设在上张家湾。2016 年，全村耕地面积 3836 亩，人口 219 户、1053 人。

张沟村 位于陇城镇东 5 千米处，东接张家川回族自治县马家河村，南依山王村，西近凤尾村，北临清水河。辖杨家河、张家沟、张堡 3 个自然村，村委会设在张沟村。2016 年，全村耕地面积 1601 亩，人口 341 户、1631 人。

宋末元初，张沟村名菜园，当地至今有菜园村社庙会。明代中期，该村村民为纪念三品副都御史张锦，改村名为部阁堂村。

陈村 位于陇城镇西南 5 千米处，东临上袁、南七村，南靠张赵村，西连五营之安山村，北接常营村。辖黑土子陈家、东坡陈家、刘家山、上常家 4 个自然村，村委会设在刘家山。刘山村历史悠久，村内发现多处古人类遗迹。2016 年，全村耕地面积 1781 亩，人口 154 户、684 人。黑土子陈家有一古堡，成不规则形，高 8 米，堡墙厚 3 ~ 4 米，开东门，占地约 2 亩，宋元明清时，为地方防御工事，名曰“陈家堡”。

山王村 位于陇城镇东南 3.5 千米处，为半山区坪台、缓湾梁峁地带。东有山王沟，南依金泉村，西近朱魏村，北临张沟村。2016 年，全村耕地面积 2060 亩，人口 252 户、1203 人，植树造林面积 1.05 平方千米，是陇城镇“小流域治理示范村”，曾先后被天水市、秦安县评为植树造林先进集体。1996 年，村党支部被评为“全省农村先进党支部”。

元代以前，山王村名沙王村，村内主要有沙氏和王氏两大姓氏，后因沙氏人口减少，余者外迁，仅留王氏。明清时期，有周边张氏、李氏先后迁入，人口兴旺，因沙（杀）音不详，故改村名为山王。

2004 年，由国家投资 24 万元建成人畜饮水工程。村内建有初级小学、健身广场。发现史前文化遗迹料礓石地面多处，与大地湾 F901 地面相似，并出土鱼纹彩陶盆，现陈列于甘肃省博物馆。

金泉村 又名漩口湾村，距镇政府 6 千米。东靠庙山梁，南依上魏村，西临魏家沟，北近山王村。由漩口湾、何家洼两个自然村组成，村委会设在漩口湾。2016 年，全村耕地面积 1987 亩，人口 176 户、849 人。

金泉村名源于北魏，因村内有一眼千年旺水泉，除供当地村民饮用外，常年向外溢出，《水经注》称其为“金里谷水”，故名“金泉”。后因自然灾害、兵燹，村民大部外迁。清初部阁堂张氏人口兴旺，一部分迁入，称“漩口湾”。

上魏村 位于镇政府东南 10 千米的魏家沟垴，是一个山区村。东接清水县松树镇堡子村，南连清水县友爱村，西临范吕村，北接朱魏村、金泉村。地形如一只簸箕，周围有庙山嘴、苗家嘴、风头嘴、楞干嘴、李家嘴、陡洼嘴、杨家嘴、堡子嘴三面环绕，俗称八嘴绕一梁。又有麻叶沟、黄花沟、碾堂沟、油坊沟、垴沟坡，四沟一面坡。2016 年，全村耕地面积 2212 亩，人口 111 户、606 人。为镇内地多人少的典型村。

明代以前，上魏村名苗家村。主要有苗、杨两姓，后因山体滑坡苗氏一族遇难，村内至今留有苗知县墓址。后来魏氏迁入，人丁兴旺，改村名为上魏村。

清光绪二十一年（1895），村内办私塾。民国时期，办上魏初级小学，今为上魏小学。

朱魏村 位于镇东南 6 千米处。东依金泉村，南接上魏村，西南与范吕村隔沟相望，北近张堡村，辖下魏家、半山村、罗圈湾、朱家湾、南庄里 5 个自然村。村委会设在下魏家。2016 年，全村耕地面积 2778 亩，人口 213 户、1050 人。现有朱魏小学。

明清时期，下魏家属上魏村。上、下魏家为一祖之后，因族大人多分为两地。

范吕村 位于镇东南 7.5 千米处，东临魏家沟，南靠小盘龙山，西接清水县风茔村，北近罗圈湾，辖北庄、窑里家、范家 3 个自然村。村委会设在北庄自然村。2016 年，全村耕地面积 3080 亩，人口 106 户、570 人。村内建有四娘娘庙，有北庄教学点。

陇城镇赵山教学点

校园桃李秀

阴坡村 位于镇东南10千米处，东临张家川回族自治县大阳镇，南依清水县松树镇，西接范吕村，西北临朱魏村。辖阴坡、中庄、阳坡、徐家4个自然村，村委会设在阴坡自然村。2016年，全村耕地面积3417亩，人口309户、1500人。

唐末称大寺里，村南有大寺遗址，又称八卦顶。

20世纪70年代，阴坡大队因畜牧业生产突出，被天水专区专员公署授予“畜牧业先进生产大队”称号。民国时期，建有阴坡初级小学，现为阴坡小学。村内建有太白庙。

王李村 位于陇城镇东南7.5千米处，东与张家川县大阳镇南山村隔沟相望，南接阴坡村，西近张沟村。辖王家沟、李家台子、头图3个自然村，村委会设在王家沟。2016年，全村耕地面积2784亩，人口436户、2023人。

明清时期，陇城境内设8图，今之头图为第一图，辖周边10个庄，今王家沟、李家台子为庄，属头图。

王李大队高跷曾多次参加秦安县春节社火调演，闻名乡里。

张湾村 位于镇东北3.5千米处，清水河北岸。东连张家川县四方村，南与张沟村隔河相望，北靠王湾村。为清水河与马关河交汇冲积而成的一块缓湾地带，光照充足，气候温暖，是种植瓜果蔬菜的膏腴之地。

张湾村古名马家塬村，有马家塬齐家文化遗址，后来马姓人口减少，张、王两姓迁入，因张氏人丁兴旺，故改名张湾村。辖张湾、王家坡、北山石家、北山赵家4个自然村，村委会设在张湾。2016年，全村耕地面积3681亩，人口438户、2223人。主要姓氏有张、王、石、赵、杨、马、邓。

明永乐年间，张湾村人王恕因督修北京皇城有功，被朝廷任命为浙江道监察御史、云南按察司佥事。清末，村人王晓峰在天水终身教书，桃李满天下。逝世后其学生刘永衡等为其立石。

王湾村 位于陇城镇北山3.5千米处，为北山一缓湾地带。东近北山赵家、北山石家自然村，南临龙泉寺古遗址，西与许墩村隔沟相望，北依张家川县黄家村、吕湾村。其地形东北高，西南低。辖旧庄、新庄、窝坨、麻池、鸦儿沟5个自然村，村委会设在窝坨。2016年，全村耕地面积1977亩，人口264户、1190人。姓氏有张、王、李、赵、宋、田、朱、万等。

许墩村 位于陇城镇北山5千米处。东与王湾村隔沟相望，南有清水河，西依五营镇杨山村，北临崇仁村和张家川县黄家村。辖许墩、李泉、赵岱儿、洞子崖4个自然村，村委会设在李泉。2016年，全村耕地面积2151亩，人口217户、1106人。

明代称王家村，后因王氏人逐年减少，有陕西省陇县许氏人迁居于山梁缓湾地带，人口递增，更名许墩。

民国时期，建有王家村初级小学，“文化大革命”时期扩办为许墩附中，1983年，撤附中，今为许墩小学。

崇仁村 位于陇城镇北山鱼尾沟东侧，距镇政府7.5千米。辖段家湾、赵家阴坡、赵家阳湾3个自然村，村委会设在段家湾。东有张川县梁山镇黄家村，南依喇嘛梁，西临鱼儿沟，北靠雷神庙。2016年，全村耕地面积2973亩，人口315户、1727人。

人口

人口总量 1948年，陇城镇有2701户、16206人，其中男8182人，女8024人。1953年，第一次人口普查陇城区有6500户、39650人。2016年，陇城镇有7869户，人口总数为33802人。其中，农业人口为32338人，男16415人，女15923人；非农业人口1464人。

人口密度 1964年，陇城区辖陇城公社、张湾公社，共有11609人，人口密度为每平方千米155人。2016年，陇城镇有32221人，人口密度为每平方千米409人。镇区人口密度为每平方千米1134人。

年龄构成 中华人民共和国成立前，全镇人口为高出生率、高死亡率，低自然增长率，成年型人数比较多，少年型和老年人数比较少。如1948年陇城镇人口的年龄构成，0～14岁的少年儿童系数为21.87%，65岁以上老年系数为4.94%，年龄中位数为33.7岁，根据人口年龄构成划分标准，属成年型。

中华人民共和国成立后，人口年龄构成发生变化。二十世纪五六十年代，少年儿童系数逐年上升，老年人口系数相对较小，人口年龄构成由成年型向年轻型过渡。2016 年，总人口 32221 人，90 ~ 100 岁人口 64 人，占总人口的 0.20%，趋于高年龄突破型。

职业构成　中华人民共和国成立之前，域内人口的职业分为农业与工商业两大部分，工业主要是家庭手工业和建筑业，商业为运输业和商品经销，工商业人口约占总人数的 17%，其余为农业人口。改革开放以后，农业人口与非农业人口发生较大的转变，一是大部分青壮年走出家门进入城市从事加工业、建筑业和商业；二是由于土地流转，从事农业的人口转移到非农产业。据 2016 年统计，陇城镇有 19 ~ 59 岁人口 21284 人，其中 10632 人在当地和外地进工厂打工或从事建筑、商贸、餐饮等行业，人口数量占该年龄组人口的 49.95%，占总人口的 32.85%。从事行政管理、教育、卫生诸方面工作的人口为 955 人，占该年龄组人口的 4.49%。

文化构成　1953 年，陇城人的文化结构有 50% 以上为文盲、半文盲。

2016 年，陇城镇高中文化程度人口 8882 人，占总人口的 27.57%。大专、本科文化程度人口 517 人，占总人口的 1.60%。

民族构成　新石器时期，陇城为氐族部落聚居地。

殷商至春秋战国时期，陇城居民主要有秦人、西戎等。

两汉三国时期，陇城主要民族为汉族、羌族、氐族等。其中，隗氏氐在成纪建立复汉政权。

两晋时期，氐族人在略阳为大户望族，割据一方，建立政权。著名的李氏氐在今四川建立成汉政权；苻氏氐在今西安建立前秦政权；杨氏氐在今陇南建立仇池政权；吕氏氐在今甘肃西部建立后梁政权。

北魏和西魏时期，鲜卑族入主中原和西北，陇城民族以汉族和鲜卑族为主。

隋唐宋金元时期，经过民族大融合，古老的少数民族多已外迁、汉化。

元末明初，因战争及自然灾害影响，十室九空，人口剧减，大量外地人迁入，多为汉族。

明清时期，有回族迁入。1953 年，成立张家川回族自治县，陇城回族村庄全部划入张家川县，陇城成为纯汉族的城镇。1969 年，从秦安县城移民回族 3 户，共 13 人。2016 年，陇城镇因婚配迁入维吾尔族 1 人，彝族 1 人，羌族 1 人。

姓氏

现有姓氏 陇城镇人口由本地和外来（移民、工作调入、经商）人口构成，故姓氏比较繁多。2016 年，统计有姓氏 91 个（按姓氏笔画顺序）：万、马、边、王、牛、孔、甘、毛、邓、仇、韦、付、申、石、冯、田、包、牟、成、刘、孙、吕、许、师、朱、安、连、乔、关、权、伏、李、张、汪、吴、何、杜、宋、陈、余、邵、苏、佘、时、赵、杨、郑、罗、周、武、范、庞、单、郄、姜、姬、胡、柳、南、洪、段、侯、贾、高、聂、唐、袁、郭、柴、徐、桑、常、梁、康、焦、彭、韩、董、景、靳、蒙、惠、雷、翟、蔺、薛、雒、樊、穆、薄、魏。

陇城本地人常说：“张家的纱帽，杨家的钱，赵家的书画观不完。”

张家的纱帽 张家支脉众多，明代初期，有张敬一支迁入陇城镇，历经五代人的发展，到明成化五年（1469），其男张锦中进士，授刑部主事员外郎、郎中。张锦长子张潜于明弘治九年（1496）中进士，授户部主事擢员外郎，后任直隶广平府知府等职；次子张滂，义官；长女嫁峨州卫指挥洪范；二女嫁华州东郊一进士。张锦孙张之椝是清嘉靖元年（1522）乡试举人。张锦曾孙张光孝为嘉靖二十五年乡试举人，嘉靖三十九年，任河西华县知县。明清两代张家多人入仕，有的任职京师，有的为官地方。每逢过节、祭祖，张家人衣锦还乡，荣耀乡里。

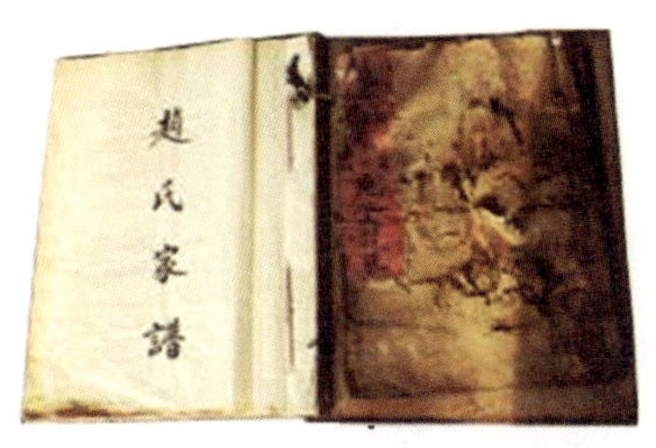

《赵氏家谱》（一）

《赵氏家谱》（二）

《张氏族谱》

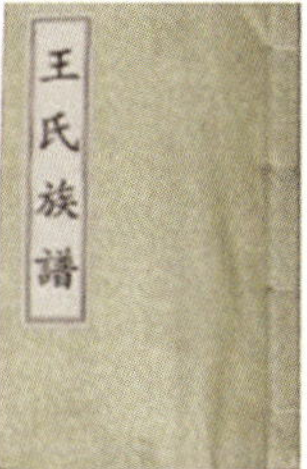

《王氏族谱》（一）

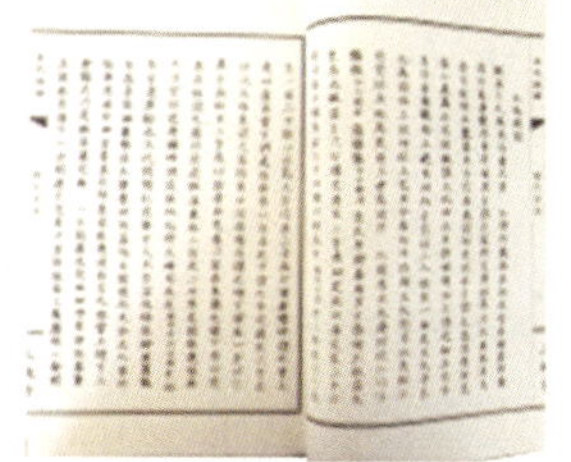
《王氏族谱》（二）

杨家的钱 杨家为客籍，明代初期迁入陇城镇。清乾隆时期，已发展成一个很有威望的大族、富户。杨家历代以耕读持家，经商致富，教育子孙与人为善，和气生财，长于施舍，乐于公益，在当地广有人缘，人们称“善不过杨家”。清末、民国时期，杨家通过开设钱庄、贸易、出租土地等，生意越做越大，地产遍及陇城镇和庄浪县的朱店镇，土地千亩，商铺40多间，其长房“元号里”闻名四方，为陇城镇首富。1928年，陇城民团与张家川回民军在莲花镇激战后，阵亡17人，多为贫苦农民，杨家主人杨友学主动募捐，安葬死者，抚恤家属。1949年8月，西北野战军解放陇城镇，杨家主动开粮仓，供给解放军，并为解放兰州派家人、牲口为解放军搬运军粮、武器弹药，运送伤员。1951年，土地改革时期，“元号里”主人杨思奇响应国家土改政策，主动上缴土地、钱财，被政府划为开明地主。

赵家的书画 清顺治时期，赵家赵国祥一脉迁入陇城镇，以经商为业，到乾隆时期，人丁兴旺，已成望族。赵思普、赵念普兄弟二人因孝敬父母，名扬乡里。经地方上报，朝廷予以旌表，授八品修知郎。赵思普任陕西省靖边县训导。赵念普为国子监监生，后经商，以书画为业，并创赵家画铺，闻名乡里。二人去世后，均立牌坊。赵念普子赵传伦，自幼深受家庭熏陶，酷爱书画，遍访南北方名流画家，成自家风格，代表作有墨笔《毛驴图》《牡丹图》。赵念普孙赵清谟继承先辈遗风，擅长山水画，曾游学大江南北，代表作有工笔画《长安八景》《潇湘八景》。赵家书画人才辈出，其后人赵雪堂、赵肯堂、赵晓堂等数十人在秦安书画界影响颇大。赵雪堂的工笔画《天官图》被秦安县博物馆收藏。

商贸 集市

集市 陇城集市贸易历史悠久。民间贸易起源于殷商之前，秦汉时陇城境内贸易较

陇城集市一角

为活跃，陇城上袁村出土的两诏秦权[①]及周边村庄出土的汉四铢钱、五铢钱佐证了当地贸易的兴盛。汉唐以后，陇城一直为丝绸之路中大道上西出陇山第一商贸重镇。清代至民国时期，陇城双日逢集。城内有晋商会馆，上市的商品有粮食、蔬菜、油、盐、茶、农具，还有土丝、棉布、药材、麻织品、瓷器、染料等各种手工业产品，茶馆、饭店、酒店、车马店、骆驼场等服务场所增多。

中华人民共和国成立初期，政府对市场进行整顿，稳定物价，制止投机垄断，帮助歇业的个体户开业，引导市场正当交易，陇城集市为双日集。1980 年 2 月 1 日，改陇城每三、六、九日为集日。进入 21 世纪，陇城集市贸易进入繁荣时期，2016 年，社会消费品零售总额达 9000 多万元。

交流会 陇城除了固定日期的集市贸易外，还在每年的四月初八和秋末冬初各举办一次大型骡马交流会和商品贸易会，骡马会场为固定公有会场[②]。此会始于两汉，几经兴衰，一直延续到 20 世纪 50 年代。在骡马交流会期，有甘肃、陕西、宁夏、四川等省、自治区数十个州县客商云集陇城，规模宏大，交易红火，骡马交易可达千余匹。

市场变迁 从中华人民共和国成立到 80 年代后期，古城内明清街一直是主要市场。1988 年后，陇城工商所在北河滩筹建占地 20 亩的综合商品市场，陆续建起商贸楼 4 栋 300 多间，陇城市场从旧城城里迁移到城外的北河滩市场及龙泉至西关的公路两旁。

---

① 两诏秦权：錾刻有秦始皇、秦二世统一度量衡诏文的铜秤砣。

② 今南小河西关桥南、北河道两岸的派出所住地和陇城剧场为上下骡马会场。

2000年后，西关至常营路段两侧陆续发展起木材、水泥等建材市场，还有煤炭厂、木料加工厂、家具商店、工艺厂、养殖场等20余家。2006年后，龙泉亭至女娲祠近1000米的娲皇路西、南侧店铺鳞次栉比，路边摆满各种摊点，形成马路市场。2012年，投资490万元在大营川建成储量5000吨的祥云果品气调库，年销售总额达750万元，受益农户500多户，为一处果品储存、交易集散地。2014年，招商引资300万元，在原骡马市场建成陇城镇农贸综合市场，该市场占地6.5亩，有二层仿古式商铺30间、1000平方米，后增建占地2000平方米的大棚经营区，逐步解决马路市场占道经营问题，新集市格局初步形成。

镇村建设

街亭大道　街亭大道是秦张公路在陇城段的主干道，全长2311米，设计建设红线为30米。2006年，镇政府开始拆迁，到2010年建成仿古商住楼46幢，建筑面积1.39万平方米。

街亭大道主车道为四车道，左右各9米，两边又设绿化带，两条自行车道，两条5米的人行道。2010年，镇政府投入资金186万元实施街道硬化、亮化。

街亭大道

2014年，实施街亭大道绿化和绿化带防护栏安装工程，完善地下排水设施，改善了街亭大道通往西番寺文化广场和幼儿园的交通条件。

2017年年初，在建成街亭大道西段的基础上，投资300万元，开工建设街亭大道东段——龙泉亭至新建中心小学东侧600米路段。

娲皇路　从龙泉亭至凤尾村，沿原城

娲皇路

壕扩建的一条主要承担镇区功能的环城路，原为秦张公路陇城镇区段。

2010 年，陇城镇政府启动娲皇路建设，按照“三统一”原则，对侵占路面建筑按红线进行拆迁，拓宽平整路面。2012—2014 年，先后对娲皇路进行拓宽改造和绿化、亮化。

2016 年，实施娲皇路传统民居外观装饰工程，统一规范广告门牌 130 余处，刷新铺面门柱 300 余个。娲皇路建设改善了人居环境，突出历史文化名镇特色。

广场建设

进入 21 世纪后，小城镇建设和新农村建设日新月异，群众生活方式也发生明显变化，镇区及山村出现了跳广场舞、晨练保健、休闲娱乐等活动。为满足群众文化、体育、娱乐生活，镇政府利用国家配套专项资金，实施“一事一议”“一村一场”等项目，完善农村基础设施，建设文化广场。

女娲祠广场　1985 年，陇城“上社”民众在原城南门外戏场修建古略阳剧场及砖土木结构舞台，供女娲祠、甘霖寺庙会演出使用。此后，古略阳剧场成为商业营销、文化娱乐活动的中心。

2006 年，首届公祭女娲大典在略阳剧场进行。2007 年，在公祭前对该剧场实施改建并更名为女娲祠广场。2010 年，硬化广场，并在场地中央筑祭祀观礼台，台面铺设仿古青砖。2017 年年初，对女娲祠门庭台阶和女娲祭祀广场进行仿古石条铺设，扩建祭祀广场至 4950 平方米，改造了“古略阳舞台”，安装仿古花坛 16 个，仿古灯 10 盏。提升改造后的女娲祠广场。

西番寺广场 西番寺广场位于千年古刹西番寺下，属娲皇、略阳、龙泉、西关4个村群众的活动场地，是继女娲祠广场的又一文化、健身、娱乐场所。2007年开始规划建设，2010年投资50万元对广场进行硬化、亮化、绿化；同年争取省政府体育惠民项目，配备健身器材，2011年完工。广场占地6375平方米，硬化面积5100平方米，绿化带面积500平方米。场内建有塑胶篮球场，配置钢架篮球架3幅，广场灯8盏，固定坐凳20条，健身器材3组16件，修建仿古石亭1座，建花圃2个，周围栽植红叶李，并配有宣传文化墙，后又增建90平方米的3个花坛。

街亭文化广场 2014年，整合略阳、凤尾两村村级活动场所项目，在南城门东侧建成占地2400平方米综合性街亭文化广场。总投资240万元，硬化广场面积1800平方米，广场东面建成总建筑面积1200平方米的村卫生室、便民超市、村级金融代办点、农家书屋等为一体的综合性服务中心。广场周围修建各种形状花坛和绿化带280平方米，栽植冬青、塔柏、红叶李等观赏性苗木，安装休闲石凳、太阳能广场灯等配套设备。

村级文化广场 2014年始，利用“一事一议”项目和整村推进项目配套建设村级文化广场。至2015年，建成2200平方米山王村文化广场，并对陈村、张沟、王李、上袁4村活动广场进行改造提升，硬化广场，修建花坛、绿化带，安装太阳能灯，完成广场绿化、亮化、美化工程。并对原先建成的各村文化广场进行规范化布置，配备篮球架、乒乓球案及各种健身器材。至2016年，又先后建成常营、朱魏、上魏、许墩、崇仁等10个村级文化广场。

西番寺广场

新农村建设

2007年，陇城镇“以小城镇建设带动新农村建设，以新农村建设促进小城镇建设”的思路，先后启动龙泉村、凤尾村的新农村建设项目。龙泉村于2007年被天水市政府确立为首批示范村，凤尾村被秦安县政府确立为县级示范村。

2007—2012年，镇政府对全镇80%以上的破旧危房按规划统一折旧建新。

2008年，陇城镇在常营村川区店园子（秦张公路边）选址建设常营新农村，由素安县城镇建设局统一绘制图纸，统一建设。其院落为四合院式，门前建有花园，墙壁统一彩画，巷道统一硬化。2010年，常营村第七村民小组34户村民统一搬迁到店园子。同年，赵山村因地震造成山体断裂，镇政府在村东头规划新农村建设，于2010年建成，将受灾比较严重的28户统一搬迁至新农村规划区。

凤尾村“美丽镇村”建设　2016年，实施凤尾村“美丽镇村”建设，改造村内农户危旧墙体2230平方米，治理屋体1870平方米，安装太阳能仿古灯18盏；硬化、亮化道路1700米，村庄绿化1200平方米；新修排洪渠180米、小桥3座；在风谷口建成3

娲皇村

个小型旅游景点，配备健身休闲设施；新设立旅游标志牌4个。结合特色古韵小镇建设，在凤尾村古城墙旁打造旅游休闲景点1个，依据地势建成四台地，栽植绿化苗木600多株，布设“秦汉古韵”石、碾子、仿古木亭子，成为群众休闲娱乐的新场所。

在女娲祠至风沟口新植樱花、香花槐等树木1500株，安装太阳能路灯4盏；完成危旧房改造11户，粉刷墙面1500平方米，村容村貌焕然一新。

南川易地搬迁 2015年开始，陇城镇政府依照省市县关于精准扶贫“1+17”方案有关要求，采取“科学规划、打破村界、集中安置、共同脱贫”的方式，积极争取国家易地扶贫搬迁项目资金5980.2万元，按照“宜居、宜商、宜农”的原则，实施易地搬迁项目。确定搬迁娲皇、崇仁、阴坡、朱魏、略阳、西关、龙泉7个自然村222户、1064人（其中建档立卡户148户718人）为整村组搬迁对象，安置区选址在娲皇村二组南川区域，总规划用地面积50亩，其中小别墅户型20户，公寓式楼房4栋202户。

2016年，该项目已完成20户小别墅和2号、3号楼地基建设。

乡村道路 2015—2016年，“通畅工程”全面实施，采取项目资金支持、群众投工投劳相结合的方式，完成王湾二组至四组、范吕、张赵、阴坡等村原所有通村铺砂道路及新扩道路的硬化75千米；对王湾、常营、南七等村水毁道路进行维修，修建张湾村、南小河、清水河便民桥3座，在山王、常营等村开挖产业路20余条29.5千米，全镇实现通行镇村道路全硬化，通自然村道路沙化率达90%，达到村村相通、组组相连、条条联网。

2007—2011年，按县政府要求，加快新农村建设步伐，争取财政以奖代补“一事一议”项目资金170万元，其中普惠制项目8个、120万元，特惠制项目1个、50万元；2012—2015年，又争取12个“一事一议”和“整村推进”项目，陆续整修、硬化凤尾、龙泉、西关、略阳、娲皇、上袁、常营、山王8个行政村，大小巷道512条，平均宽度4.26米，总长32.5千米，面积19.5万平方米。小巷道硬化项目的实施，彻底改变过去道路泥泞，环境脏、乱、差的状况，村容村貌明显改观。至2016年年底，又完成张湾村一组至三组道路硬化和张湾、许墩、纯仁3个村小巷道硬化工程。

安全饮水工程 20世纪90年代以前，生活用水都为川区打井、山区挖泉或在河边沟旁挖坑的饮水泉，也有直接饮用河水、溪水的，水源污染较为严重。2009年，甘肃省发改委和水利厅批复实施陇城农村饮水安全工程，在街亭大道东段北侧建成占地5332.8平方米的标准化水厂一座，内建152立方米的加压泵站1座。沿清水河河岸新挖水井5

眼，日供水量1000立方米。工程投资1452万元（含向五营供水部分），其中中央投资1161万元，省级配套资金147万元，地方及群众自筹资金144万元，解决了域内部分村庄的安全饮水问题。

2010年，镇政府争取省农业综合开发项目资金60万元，在南七村石堡自然村建成人畜饮水工程一处，解决600人的饮水问题。

2015年，在陇城南部山区引用苏家坝水库水源，解决张赵、南七、陈村等村群众的饮水问题，农村安全饮水工程覆盖陇城镇15个行政村2.3万人。

河道治理 清乾隆初年，北山山体滑坡，将清水河水逼至城下，冲毁半个城。清道光十七年（1837），秦安县知县严长宧曾督令众人遏归故道，筑堤护城，保地安民，群众称所筑之堤为“严公堤”，但十年后河堤又被冲毁。之后，屡建屡毁。

1989年10月至1991年5月，秦安县委、县政府在陇城镇实施“改河争地、防护城池”的北河工程，改河垫地，疏浚河道，加筑河堤，有效地保护了古城城郭、两岸农田及周边4村村民的生命和财产安全。

2010—2011年，完成2千米的清水河西关段改道工程，既改直河道，争出沿岸近30亩川水地，又筑堤固水，使沿岸田地、村庄免遭水患。

2012年，砌建南小河位于陇城剧场东面堤防护墙200米，清理清水河、南小河河床，建设南小河沿岸绿化带300平方米。

电力通信

农电建设 1971年秋，陇城农机厂有发电机1台，白天用柴油机磨面，晚上用柴油机发电，仅供陇城公社机关照明使用，为陇城用电之始。

1998年起，按照“国家投资，用户投工投劳”原则，分期、分批将全镇农电线网进行改造，木杆、木横担及7米水泥方杆换为10米水泥圆杆、铁横担，电表集装箱由木箱换成统一定制的铁皮表箱，并从用户的屋檐下悬挂到高杆上。

2016年，专项投资357.66万元，绝缘化改造陇城镇中心村西关、略阳、凤尾、娲皇、龙泉0.4千伏线路19.51千米、10千伏线路2.22千米，增加变压器6台，容量2000千伏安；投资144.54万元，新建“南川易地扶贫搬迁新农村”10千伏线路0.57千米，配400千伏安变压器两台，容量800千伏安；投资12.06万元，新建“北山百亩果园”10千伏线路0.3千米，0.4千伏线路0.24千米，配100千伏安变压器一台。改造、新建后，陇城镇有10千伏线路一条、63千米，0.4千伏线路一条、85千米，配电变压器93台，容量 1.04 万千伏安。

2016 年至 2017 年年初，专项投资 166 万余元，更换智能电表 8300 多只，实现网络远程管理。

电信 1936 年，用 14、15 号铁丝架设农村电话线路，有县城通陇城区政府的电话线路。1949 年，农村通信设施全部被毁，直至 1953 年修复通话。1955 年，陇城邮电所成立后，有磁石式电话机 1 部。1957 年，撤销县政府到各乡镇的农话线路，电话由各基层邮电所接转，陇城邮电所有磁石式电话总机 1 台。

1966 年以后，公社以下农话线路大都变成广播线路，形成“队队有电话，家家有喇叭”的局面。1971 年年底，陇城公社 18 个生产大队全部通电话。1984 年以后，陆续对农话线路进行了大规模整修、更新，镇直部门、企业及部分农户陆续安装直拨电话。

2015—2017 年，秦安移动通讯公司在陇城建有 2G 基站 26 个，4G 基站 48 个，信号全面覆盖到所有自然村。

电报 1955 年，陇城邮电所成立后，收发报为人工话传，发报时口念电码，收报时手抄电码。80 年代后期，随着电话的普及，电报业务逐年减少，至 20 世纪末消失。

改土造田 二十世纪六七十年代，陇城公社王李大队是全省“农业学大寨”的先进典型，《甘肃日报》多次刊发文章和照片，介绍该村改土造田的先进事迹。王李大队党支部书记还应邀参加中华人民共和国成立 20 周年大典，受到党和国家领导人接见。1978 年以后，“农业学大寨”运动基本停止，但兴修梯田、粮食增产的事实教育了群众，农民仍然坚持每年春、秋季修整水平梯田。

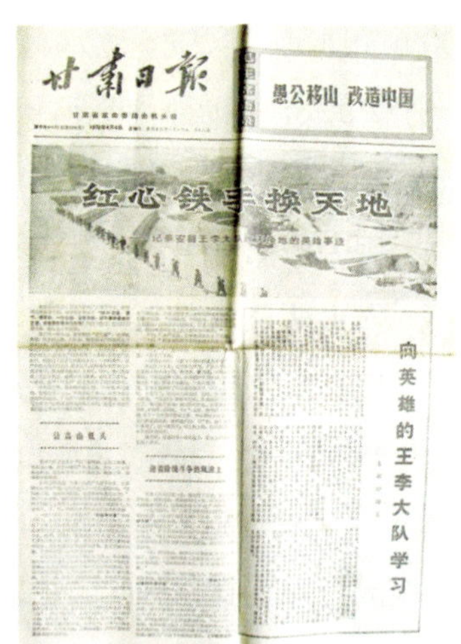
甘肃日报

愚公移山 改造中国

红心铁手换天地

向英雄的王李大队学习

1970 年 4 月 4 日，《甘肃日报》报道王李大队“农业学大寨”事迹

1985 年前后，以户为单位按人口定地块、定任务、定时间整修水平梯田。

2004 年，镇政府按照统一规划、集中连片、综合治理的原则，在县水保局的技术指导下，采取以机械代替人工的施工方式，统一修建了李庄、凤尾、陈村、纯仁、许墩、王湾等村的梯田。

新型农业 陇城镇耕地面积 5.93 万亩，人均耕地 1.85 亩，种植业以传统农业为主，重点发展林果、养殖、劳务输出大产业。

2013 年以后，以农业为基础，积极发展林果、蔬菜等现代设施农业，建成西番坪、

王李村梯田一角

盛源生态农业有限公司休闲观光区一角

张湾、常营、山王、南川等苹果示范基地，果园面积达到 1.48 万亩。利用土地流转和招商引资，建立新型农业示范点，发展果蔬专业合作社、果品家庭农场、优质苹果基地、无公害日光温室种植、塑料大棚养殖，先后建成秦安县盛源生态农业有限公司、秦安县聚群乐果蔬专业合作社和西番坪千亩优质苹果基地。

2015 年，镇政府因地制宜，在镇内北部山区植树造林，进行综合开发，选种栽植云杉、油松、刺槐、香花槐等苗木 2000 亩。通过招商引资在区域内流转地势较为平坦、

西番坪千亩优质苹果基地

土壤结构较好的土地，完成标准化果椒园 500 亩，栽植花椒 3 万株。为便于绿化工程实施和苗木管护，建设北山流域两横五纵的交通网络，两条横道总长 2 千米，5 条纵道总长 5 千米。同时，为保障苗木的成活率，建成容量 130 立方米的简易蓄水池 1 座，埋设供水主管道 8 千米，有效改善了农业生产条件。

陇城北山退耕还林片区

教育　体育

明清教育

社学　明代陇城（今镇域内）设社学两处。明《秦安志》载："全县有社学十，陇城二，旧城一，新城一，邵店一。"社学招收 15 岁以下儿童，择通晓经书者为师，施引教化，规定《孝经》《小学》《大学》《论语》《孟子》为课本，兼学习该朝律令，及冠、婚、丧、祭等礼仪。

义学　据清《秦安县志》记载，乾隆五十一年（1786），秦安知县董秉纯将陇城旧巡检衙门改为义学，让穷人子弟上学。义学使用通用教材《三字经》《百家姓》《千字文》《幼学琼林》及四书五经。

私学　明清时陇城各大村庄均有私学，一般只有一名教师，称"塾师""先生""西席"，多由童生、生员充任。富户请"先生"专教自家子女一人或二三人，一般家庭常合请一位"先生"教书。私学招收 8 ~ 16 岁儿童，校址多在古庙或民房。对十二三岁以下者，以识字启蒙为主，多教以《三字经》《百家姓》《千字文》《幼学琼林》。稍长，讲四书五经，并习作科举文章。塾师酬金称"束修"，由学童分担。每逢四时八节，学童家长要向塾师馈赠礼物、食品。

清光绪末年，由秦州名师陇城张湾村人王明、王作霖兄弟二人倡导，其侄王仲璜等人办起陇城初等小学堂一所，校址在南城门内城隍庙。

民国小学　1912 年，陇城镇小学堂改为陇城初等小学。1927 年，改办陇城镇高级小学，原初等小学增设高级班，解决了学生去县城上学的困难。此时还有私塾 13 所，共有 300 多名学生。 1939 年，凤尾村赵修武在女娲庙内办女子学校 1 所，陇城镇先后有 32 名学生就读。1943 年，女子学校合并于陇城镇高级小学，同时将陇城镇高级小学改为陇城镇中心国民小学。1946 年，除陇城镇中心国民小学外，还有 7 所国民小学，分别为榆树、阴湾（今阴坡）、上魏、菜园（今张沟）、南七、常营、大城（今蔡河）国民小学，学生 400 多人。小学以国文、算术为教学内容。私学、小学以识字教学为主，重强记多背。学校体育活动主要为踢毽子、打“毛蛋”（毛线球）。日常对学生进行卫生常识教育，学校组织人员检查环境卫生和学生个人卫生。

新中国教育　中华人民共和国成立后，陇城镇中心学校改为陇城镇高级小学，7 所国民小学改为初级小学，共有学生 594 人。20 世纪 50 年代至 20 世纪末，陇城镇内中小学经历多次撤并和重建。进入 21 世纪，由于出生率逐年降低，全镇学龄儿童数逐年递减。

2016 年年末，全镇有初级中学 1 所，九年一贯制学校 1 所，完全小学 5 所，教学点 12 个；初级中学在校学生 1137 人，中学教师 73 人；小学在校学生 1958 人，教学班 89 个，小学教师 157 人。公办中心幼儿园 1 所，幼儿 363 人；民办幼儿园 1 所，幼儿 167 人，山区、半山区学校附设幼儿班，幼儿 226 人。小学校园占地面积 7.27 万平方米（109 亩），校舍面积 2.33 万平方米，图书 3.82 万册，生均 19 册。2013—2016 年，利用“转移支付”和“改薄”项目新建校舍，消除所有危房，学校教育教学设施设备基本上达到《甘肃省义务教育学校办学基本标准》。陇城镇中心小学标准化建设通过省级验收，实现规模化办学，陇城教育园区“教师走教”全面展开，促进了镇域内教育的均衡发展。

陇城教育园区　陇城境内山多川少，学校布点多、班级规模小，山川办学条件差距大。为解决教师下不去、留不住，学生流动性大、办学成本高、教育质量难以提高等问

陇城镇中心幼儿园

陇城镇中心小学

题，秦安县委、县政府确定在陇城镇开展农村教育综合改革试点，建设集食宿、办公、管理于一体的陇城教育园区。

2014 年，县政府将陇城教育园区建设列入“十件民生实事”。采取财政资金拿一点、项目资金整一点、社会人士捐一点的办法，整合公共租赁住房等项目资金 1700 万元，

陇城镇教育园区

县级配套1000万元，社会捐助200多万元，总计筹措资金2900多万元。该工程于当年6月开工建设，2015年9月建成运行。园区占地15亩，总建筑面积11244平方米，分为住宅区、办公区和综合服务区3个区域，住宅区建设教师周转住房3栋144套，总建筑面积9411平方米；办公区修建教研综合楼1栋，建筑面积1833平方米；综合服务区包括食堂、锅炉房，配套大门、围墙、健身设备等附属设施。此外，县政府动员社会力量捐助校车4辆，用于接送走教教师，县财政投资1360万元，整修硬化4个走教片区的4条36千米乡村道路，保证走教校车畅通无阻。

体育

群众体育 中华人民共和国成立后，以“发展体育运动，增强人民体质”为宗旨，开展多种体育活动。1952年，中华体育总会天水市分会成立，群众性体育活动渐渐普及。此后，由县文教局管理这项工作，体育走向大众化。农村各大队都设有篮球场、乒乓球案、单杠等，闲时组建篮球队训练，交流互比，春节期间参加政府部门组织的比赛；学校推行体育锻炼，加强体育教学。20世纪50年代实行“劳卫制”（准备劳动与卫国体育制度），70年代后执行“两操一课间”制度，坚持每年举办“两会”（春季田径运动会和秋季球类运动会），以学校体育带动群众体育。进入21世纪，广场舞、打球、跑步等运动渐成时尚。

传统体育

武术　陇城历代为崇文尚武之地，武术历史源远流长，数千年来高手辈出。晋代李特爱武，善骑射，被推为流民起义领袖。陈安骁勇善战，“七尺大刀奋如湍”，为陇上一代壮士。延至清代，河李村李永基为武举人；西关村姜国盛自幼好武，因军功升任喀什协台；凤尾村赵作清能骑善射，武艺高强，曾考中武秀才。民国时期，西关村的王海林师承陇城拳师张正翰、张瑜等人，所习“关东棍”博采众长，攻防相兼，1974年5月，其拳艺被秦安县体委挖掘、整理。

象棋　2004年10月，娲皇村梁富春作为甘肃代表队成员参加第五届全国农民运动会“鹤寿中华杜仲茶杯”象棋比赛，获得男子组团体总分第三名。2005年4月，参加甘肃移动通信杯全国象棋锦标赛，获得团体第三名。2006年6月，在甘肃省第十一届运动会中获得男子个人象棋比赛第二名。

医疗卫生

民间医疗 清中后期至民国年间，陇城镇规模较大的中药铺有陕西华阴人的兴顺合、泰来和，当地的丰盛元、永盛元、致中和、新成全、福泰堂、永盛祥等。

清末至20世纪50年代，陇城知名医生有赵子和、赵方、赵积、张之亮。

陇城镇中心卫生院 1952年10月，政府改组兴顺合、丰盛元、新成全3家药铺，公私合营，成立秦安县第一所基层卫生所——陇城区卫生所。

1975年，陇城公社在西关大队征地5亩，卫生局拨款1.6万元，并利用废旧木料修建土木结构门诊用房13间、宿舍12间，共400平方米。1991年，卫生局拨款18万元，各界人士捐款6万元，邑人常俊杰自租车辆、动员家人由天水运砖12.5万块，修建700平方米的三层门诊大楼。2006年，卫生院争取国家乡村卫生院建设项目资金40万元，新征用土地1亩，建成24间、570平方米两层楼住院部。2008年，原三层门诊大楼在“5·12”大地震中受损（后拆除），神华宁煤集团援建活动板房10套、200平方米，建成功能科室14间、240平方米。2009年，建成两层职工宿舍楼房20间、800平方米，在门诊楼原址投资300多万元开工修建面积1653平方米的门诊大楼。2010年4月，由“紧急救援覆盖乡村项目”配发急救车1辆，同年自筹2.8万元，征地0.8亩，修建库房5间、100平方米。至2016年年底，陇城镇中心卫生院正在使用的业务用房94间，建筑面积2763平方米，生活用房22间、830平方米。

合作医疗 2007年，秦安县启动新型农村合作医疗项目，陇城镇参加新型农村合作医疗（以下简称参合）农民5926户、2.67万人，参合率85%。

2011年，参合农户人均缴纳50元，国家补助标准不低于200元，农民参合投资的比例仅占参合基金总额的10%～20%。住院患者在当地卫生院治疗，报销部分不低于80%；在县、市、省级医疗卫生机构治疗的，报销部分分别不低于70%、60%、45%，而

陇城镇中心卫生院门诊楼

且自己的缴费代金券还能在门诊看病报销。一旦有大病、重病，就能及时去大医院住院治疗，费用按比例报销，从根本上解决了农村贫困家庭看不起病的问题。

2016 年，县级定点医疗机构分级诊疗病种扩大到 290 种，乡级定点医疗机构分级诊疗病种 85 种。住院患者县、乡级分级诊疗病种补偿比例分别为 75%、85%，并不设起付线。门诊就诊，乡、村级单次门诊费用补偿比例统一确定为 70%。2016 年，陇城镇“新农合”补偿总额 804.43 万元。

女娲祭典

陇城镇尊女娲为娲皇、娲皇圣母、女娲娘娘。《史记》中称女娲氏。女娲风姓，传生于风谷、长于风台、葬于风茔，被视为引领中华民族由蛮荒时代走向文明时代的人文始祖。陇城有丰厚的女娲创世传说历史遗存，大地湾考古发掘出土的人头形器口瓶等文物实证了陇城一带是中国女娲文化的发源地之一。

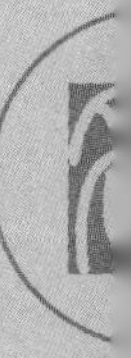

女娲祠

历史变迁 女娲是母系氏族社会杰出的部落首领，被视为引领中华民族由蛮荒走向文明的人文始祖。为纪念这位伟大的人文始祖，秦代陇城就建有女娲祠，之后五迁五建，历经沧桑。

女娲祠最早建在陇城城北龙泉山上。西汉因陇城设街泉县，女娲祠建筑和祭祀逐渐形成规模。魏晋南北朝时，陇城为郡治，女娲祠扩建为一处沿山梁近 2500 米长庙宇群。内有以女娲为主的庙宇、佛寺数十座，山门四处。

盛唐时期，逢娲皇诞辰，时有朝廷重臣从长安翻陇山前来祭祀，仪式隆重。地方官员和百姓沿途接待，声势浩大。元代撤陇城县，女娲祭祀规模渐次衰退，寺庙失修。明代胡缵宗《秦安志》载："故古今以陇为关焉。其山当陇城之北，有女娲庙，庙建于汉以前。娲皇，成纪人也，故陇得而祀焉，今庙存而祀废矣。"清乾隆四年（1739），龙泉山崩，女娲祠迁建于陇城东门内。此后，由于清水河陆续侵蚀城址，洪水冲毁东门，女娲祠又迁建于城南寺坪山西侧的东山寺内，占地面积约 2 亩，大殿坐南面北，两侧各有偏殿，开北山门，为一处四合院式寺庙。同治初年，回民起事，女娲祠被焚毁，仅存柱石、廊檐石、断脊残瓦。后又迁建于陇城城南门内原城隍庙。"文化大革命"期间，女娲祠再次遭毁。1989 年，陇城民众筹集资金，投工献料，在城南门原址重建娲皇宫。2000 年，建女娲祠门楼，三门六扇，中门上书"女娲祠"三个大字；门楣和明柱上挂有知名书法家题写的匾额和楹联；顶部红瓦兽脊，四兽五禽，霓虹灯饰，流光溢彩；正脊上一"寿"字银光闪闪，四角檐牙高翘，风铃叮当。2006 年，建钟楼和鼓楼，造型别致、小巧玲珑。

新建的女娲祠为四合院式建筑，坐北面南，面对女娲祠广场和古略阳戏台。门两侧蹲有两尊憨态可掬的石狮子。院内松柏掩映，苍翠欲滴。娲皇宫坐于正北，雕梁画栋，

女娲祠内的娲皇宫

飞丹流碧，台阶九级，气势雄伟。殿顶四棱与主梁衔接，两边和其他四棱被栩栩如生的大象、狮子等砖雕点缀。大殿正面六根明柱与楹梁连接，正中楹梁上雕刻着活灵活现的

二龙戏珠图案，两侧饰以花卉。宫内正中龛位上，坐着披发慈容、肃穆祥和的女娲塑像。院内东面建有甘霖寺、五圣宫和钟楼，西面建有文昌宫和鼓楼。

女娲祠内钟鼓楼

女娲祠已成为华夏儿女寻根祭祖的圣地，传承祖脉文化的殿堂。每年农历正月十五日、三月十五日分别举行民祭、公祭女娲大典，盛况空前；平时有来自全国各地的群众、海外侨胞寻根祭祖。

名人题匾 娲皇宫的楹梁有著名学者、书法家、知名人士题写的“娲皇宫”“华夏先祖”“开天辟地”“炼石补天”“人文始祖”等匾额。在娲皇宫大殿正前方有高峻巍峨的女娲祠门牌，门牌上题写“造化万物”四个大字。

杨耀春书　　爱新觉罗·启骧书

周有信书　　朱改芳书

周朴书　　赵广发书

女娲祠庙会

农历正月十五日是传统佳节——元宵节，相传又是人文始祖女娲的诞辰，陇城镇每年都举办大型庙会祭祀。

祭祀社火 祭祀活动从正月十二日开始，由当地阴阳先生主持设坛拜祭，开二十四份大醮。开醮期间，女娲祠张灯结彩，旗幡高悬，香烟缭绕，钟磬长鸣，彩门与庙门交相辉映，戏韵与经韵交织，香客与游人比肩接踵。

正月十五日设正坛祭祀，献“三牲”（牛、羊、猪）、鸣炮击鼓、击磬奏乐、诵经表文。整个祭祀活动在神圣、隆重、热烈、祥和的氛围中进行。这一天又有社火朝圣和大戏公演。清晨，人们吃过早饭，梳妆一新，阖家扶老携幼，从四面八方直奔女娲祠，朝会人文始祖。各条主街行人如织，车水马龙，彩旗飘扬，红灯高挂。虔诚的人们陪同亲人赶往圣地，恭恭敬敬奉上祭品，双膝跪于人文始祖圣像之前，点照、祭奠、三叩首，行礼作揖，鸣礼炮，以示对人文始祖的敬仰。上午十时许，锣鼓震天，鞭炮齐鸣，祭祀活动开始。境内及清水、庄浪、张家川三县的社火表演团队前往表演节目，主要有高抬、高跷、高杆、马故事、划旱船、舞狮、秧歌、彩车等，尤以龙泉村的高抬最为引人注目。

女娲祠庙会戏曲表演

女娲祠庙会社火表演

正月十五女娲祠朝会

十二时许，各表演团体依次进入女娲祠广场，绕行一周，以示对人文始祖的敬意，同时以表与乡民共娱之情。

戏剧烟花　陇城镇女娲祠庙会是融祭祀与传统节日为一体的民间庆典活动。午后，戏台上鼓乐升平，名伶竞技；台下群情激昂，不时报以阵阵掌声。

夜幕降临，女娲祠内香火不断，女娲祠外更是灯火通明。戏台上，古剧演出高潮迭起；广场上，烟花绽放。人们欢呼雀跃，一直延续到午夜时分。

一年一度的女娲祠庙会，从主祭阴阳师敲响第一声钟磬，发出第一道祭文开始，到敲响最后一声钟磬宣告结束。

女娲祭祀

民祭　民间对女娲的祭祀由来已久。早在两千多年前，陇城民众就为女娲建祠修庙，每年农历正月十五日和三月十五日都要举行隆重的祭祀活动。三月十五日前，主祭阴

女娲祭祀迎取圣水仪式

阳、乡老、会长等办会人员筹备各项祭祀事宜。三月十一日设坛祭拜，十二日龙泉取水，十三日去风沟女娲洞拜迎銮驾，十四日风台迎馔，十五日辰时正坛祭祀。

三月十二日，在龙泉井举行迎取圣水仪式。上午九时，锣鼓齐鸣，华盖仪仗，乡老们手捧祭祀贡品从女娲祠缓缓走出，来到龙泉井，上香、奠酒、恭读祭文。随后，三位祭祀长老在唢呐和爆竹声中，用彩陶尖底瓶迎取龙泉圣水，并将圣水盛入圣物彩陶盆。迎取队伍又穿城游行，经关帝庙到女娲祠，将迎取的龙泉圣水供奉于女娲圣像前，以备十五日正坛祭祀时洒水祈福。

三月十三日，在风谷女娲洞前拜迎鸾驾。迎驾队伍从女娲祠出发，着礼服，执笏板，捧清香，举旗幡，端供品，抬行轿。周边百姓沿路跟随朝拜，一路上唢呐、鼓乐和鸣，礼炮震天，场面壮观。

三月十五日，数万民众赶到女娲祠广场参加祭祀活动。祭祀开始，全场肃立，吹奏祭乐，敬献“三牲”，鸣钟 9 响，击鼓 34 通，主祭恭读祭文，乐舞告祭，洒龙泉圣水，敬献鲜花，瞻仰圣容。其后，演出祭祀文艺节目和会戏。

2011 年 5 月，秦安女娲祭典被文化部列入第三批国家级非物质文化遗产名录。

公祭

女娲是华夏民族的人文始祖，历史上曾举行过隆重且大规模的祭祀活动。陇城对女娲的尊崇和敬仰有着广泛的群众基础和悠久的历史传统。为弘扬女娲文化，天水市政府从 2006 年起在陇城镇举办大规模的女娲祭祀活动。

前期筹备 2005 年春，秦安县文化旅游局为发展秦安旅游文化事业，与县文化界知

女娲公祭典礼（2017 年）

祭祀舞蹈（2017 年）

名人士商谈举行女娲祭祀活动。7 月，由县文化旅游局起草《关于举行女娲公祭大典的报告》上报县政府。11 月，经县政府批准，决定于 2006 年 4 月 12 日（农历三月十五日）在陇城镇举行“秦安县首届公祭人文始祖女娲大典”。2006 年年初筹备期间，天水市政府认为此活动事关重大，决定由天水市人民政府主办公祭大典。

祭祀活动 2006 年 4 月 12 日，天水市首届公祭人文始祖女娲大典在陇城镇女娲祠广场举行。参加公祭大典活动的人员，除当地群众外，还有来自省内外的领导、专家、

风谷迎驾

敬献“三牲”

曲艺表演

学者及其他嘉宾900多人。大典开始，全场肃立，敬奏祭乐，鸣钟9响，击鼓34通，礼炮28响。主祭宣读祭文。来宾向女娲像行三鞠躬礼。紧接着歌舞告祭，内容分《抟土造人》《炼石补天》《告祭娲皇》三个乐章，秦安县舞蹈队演出传统民间乐舞《蜡花舞》。歌舞祭祀结束后，向女娲圣像敬献花篮，瞻仰女娲圣像。议程结束后，女娲祠向各地游客和民众开放，天水市秦剧团、歌舞团联袂表演文艺节目。

公祭活动期间，演出秦腔4天。周边县、乡上万群众涌入陇城，祭祀、游览。饭店、小吃店，食客盈门；广场上、街道边商业摊点交易火爆。

2007年，天水市公祭人文始祖女娲大典于5月1日（农历三月十五日）在陇城镇女娲祠广场隆重举行，公祭大典由天水市电视台现场直播。为搞好本次公祭大典，天水市和秦安县两级政府筹资100万元，对陇城镇附近的道路、女娲祠、女娲洞、街亭古战场等进行了全面修整。

2008年，因“5·12”大地震，取消原定于7月18—20日举行的公祭女娲大典活动。

2017年，陇城镇恢复举行公祭女娲大典活动，整个祭祀活动纳入天水文化旅游节统筹安排，由秦安县人民政府主办，中央、省、市、县多家媒体进行直播报道。华人华侨代表，港、澳嘉宾及各界群众代表参加了女娲祭祀典礼。祭祀乐舞的取材突出地域文化特色，体现了浓郁的女娲文化元素。

祭祀仪式 第一项，全体肃立、奏乐；第二项，击鼓鸣钟；第三项，恭读祭文；第四项，鞠躬敬祭；第五项，乐舞告祭；第六项，敬献花篮，谒祠拜祖。

附：二〇〇六（丙戌）年公祭人文始祖女娲祭文[①]

惟公元二〇〇六年四月十二日，岁在丙戌，暮春三月十五，天地同和，万象更新，天水市人民政府于“娲皇故里”——秦安陇城，盛举人文初祖娲皇公祭仪式，谨以太牢清醴雅乐，致祭于娲皇之祠曰：

巍巍陇城，悠悠娲乡。圣诞风沟，日月增光。
始长风台，泽及遐荒。风茔神韵，惟德馨香。
皇矣圣母，万古流芳。育我中华，源远流长。
肇启文明，国祚始张。九州咸雍，四海景仰。

桓桓龙祖，懿德彰彰。繁衍生民，万世永昌。
生民厥初，混沌无常。天地废裂，宇宙洪荒。
兼载失衡，淫水汤汤。积之芦灰，淫水以防。
断鳌之足，四极一匡。炼石补天，颛民安康。

天地有常，恩威远扬。钦惟娲皇，制笙制簧。
昊天成命，始有乐章。熠熠礼制，律吕铿锵。
普天之下，其乐洋洋。秉文之德，有同羲皇。
华夏泱泱，神州苍苍。龙之传人，载誉五洋。

今日神州，万物争芳。政治清明，社会兴旺。
改革开放，民安国强。科学发展，盛世荣昌。
开发西部，建设小康。艰苦创业，续写华章。
众志成城，再铸辉煌。祭礼大成，伏惟尚飨。

① 撰文：汪聚应，天水师范学院文史学院院长、教授。

女娲文化论坛

首届女娲文化论坛　首届女娲文化论坛于2006年4月11日在秦安县城隆重举行。论坛由天水市人民政府、天水市委宣传部主办，参加论坛的有省、市、县有关领导及专家、学者近百人。论坛以传承女娲文化、弘扬女娲精神，推动秦安文化旅游业发展为主题，围绕发掘女娲文化内涵，加强对历史遗址的保护进行了深入探讨，提出了具体的方案和建议。

第二届女娲文化论坛　第二届女娲文化论坛于2007年4月30日在秦安县城举行，活动由天水市委宣传部和天水市人民政府主办，北京师范大学历史学院教授、博士生导师王子今，兰州大学历史文化学院教授、《甘肃通史》主编刘光华，兰州大学文学院教授柯扬，甘肃省社会科学院研究员、旅游研究中心主任郑本法，甘肃省文物考古研究员郎树德，兰州大学文学院教授武文、兰州大学历史文化学院教授汪受宽，兰州大学文学院院长、教授赵小刚，《甘肃社会科学》主编胡正平，天水师范文史学院教授、院长汪聚应，天水市民俗专家李子伟及秦安县原县志办副编审王文杰等出席并进行学术交流。专家、学者通过深入讨论，一致认为女娲文化研究的灵魂和精髓是女娲文化所代表的创造精神、拼搏精神、奉献精神、和合精神，这些精神是中华民族自强不息的伟大财富，是联络全球华夏儿女的文化纽带，是世界文明的重要渊源。会后，参加第二届女娲文化论坛的人员在陇城女娲祠广场参加了第二届女娲公祭大典。同年7月，由女娲文化研究会整理、出版了《女娲文化论坛》一书。

第三届女娲文化论坛　中国天水第三届女娲文化论坛于2008年7月18日在秦安县秦融宾馆举办。论坛由天水市政府主办，天水市人民政府副市长郭奇若主持，参加论坛的有来自省内外研究伏羲、女娲文化的专家学者和周边省、市代表，天水市女娲研究会会员，秦安县民间知名人士等。来自陕西省历史博物馆研究员、中华伏羲文化研究会副

中国天水第三届女娲文化论坛（2008 年）

会长杨东晨，兰州大学历史文化学院刘光华，中华伏羲文化研究会副会长、兰州大学历史文化学院教授、博士生导师伏俊琏，兰州大学资源管理学院教授郑本发等省内外专家学者先后发言，分别从文献学、考古学、历史学、人类学、社会学、民俗学及自然科学等学科的角度，多层面进行深入探讨，一致认为伏羲、女娲是中华民族共同的人文始祖；大地湾史前文化遗址佐证了伏羲、女娲时代的中华文明；渭河流域的葫芦河、清水河是中华民族繁衍生息，逐步走向文明的地方，此三者之间有着千丝万缕的联系，应将女娲文化、伏羲文化、大地湾文化的研究紧密结合起来，运用伏羲、大地湾的研究成果，推动女娲文化研究逐步深入。

女娲传说

抟土造人 天地开辟，没有人类，女娲感到很孤单，于是就用黄土捏泥人，这些泥人经她用口一吹，便神奇地变成了一个个活生生的人。她又想，如果一个一个地捏人，什么时候才会有更多的人呢？后来，她终于想出了一个好办法，把藤条浸于泥浆中，再向四周一摔，便出现了大大小小、男男女女无数个活人，这些活人都亲切地称她“妈妈”。

炼石补天 远古时，人类遭受了一次特大地震后，天塌地陷。天空不见日月，地面烈火久而不灭，洪水泛滥不息，猛兽四处伤害人类，鸷鸟经常捕食老弱幼童。女娲决定补天济民，她从河谷里捡来许多五彩斑斓的石块，用火烧炼，补住了苍天；又斩断了鳌的四足，立在四方；杀了作恶的黑龙，使冀州得以平定；收集芦灰止住了淫水。经过女娲长期的辛劳治理，天上又恢复了蓝天白云、日月星辰，地上又出现了高山平地、河流湖海。猛兽多被除灭，人类又开始繁衍生息。为纪念女娲的功德，后世人尊之为“神”，称为女娲娘娘，修庙塑像，祭祀纪念。

鸳鸯鸟的传说 在略阳川曾流传着一对鸳鸯鸟的爱情故事。传说，女娲在抟土造人时，先于正月初一造出鸡，初二造出狗，初三造出羊，初四造出猪，初五造出牛，初六造出马，到了初七这天，女娲用黄土和龙泉水，仿照自己的模样捏出了一个个小人。为了让人类永久生存下去，她专门造出了一男一女，男的叫阿哥，女的叫鹦儿，女娲做媒，让他们婚配，繁衍后代。他俩成为世上第一对夫妇后，男勤劳、女贤良，过着安居乐业、美满幸福的生活。恩爱夫妻刚要繁衍生息，却遭遇一场特大灾难，阿哥和鹦儿背井离乡，无法聊生。灾难使其失散，他们在灾难中双双身亡。从此，阿哥和鹦儿就变成了一对鹦鸽鸟。为了报答女娲对他俩的恩情，决心陪伴女娲，为其效劳。女娲走在哪里它们就跟到哪里，饥供其食，渴供其水，还通人语。一次，跟女娲共同平息了一场惊心动魄的灾难后，带着胜利的喜悦进了山洞。女娲仰天长叹一声，聪明的鹦鸽鸟就把女娲领到风景优美，寂静、幽雅的南山石滩里。女娲坐在了一块白石上，听到遥远的竹簧声，召唤孩子的人声、犬声和鸡叫声，微笑着嘻嘻地闭上双目，躺了下来……

女娲殁，鹦鸽鸟非常悲痛地掉下了眼泪，一口一口地衔来芦草把女娲掩埋在白石脚下，从此这块白石一天天长高起来，一直长成了一座小山崖，该崖便叫鹦鸽岭，又叫风茔白石滩。鹦鸽鸟在白石滩上一代又一代生生不息。

后来鹦鸽鸟飞到了陇城，在城南门筑巢而栖，产了一窝花蛋，孵出来的却是一对鸳鸯，雌雄偶居不离。略阳川就一直流传着“要从略阳城边过，见一对鸳鸯池边卧”的民谣。为纪念这对吉祥的鸳鸯鸟，古人在城南门外的石壁上镌刻了一对卧着的鸳鸯鸟，并书“鸳鸯”二字，寓意女娲为媒的爱情故事世代相传。

女娲祭典歌舞表演（2007 年）

街亭

街亭，进可攻，退可守，是秦陇咽喉，历代兵家必争之地，始见于陈寿所著《三国志》。因曹魏与蜀汉在此发生著名的街亭之战，而彪炳史册，扬名天下。

街亭与陇城

街亭位置 东汉建安二十五年（220），曹魏政权建立，改原东汉略阳县为街亭。

街亭位于陇山西口的略阳川中游，东距陇山大道陇阪（今马鹿镇）60 千米，南临天水 63 千米，西连显亲（今秦安县安伏镇）50 千米，北近水洛（庄浪县城）30 千米。该地四周为群山环绕，层峦叠嶂，海拔均在 1450 ~ 2000 米。东西为一条百十里的狭长通道，有“秦陇咽喉”“五路总口”之称。为西出陇山第一重镇，是历代兵家必争之地。冷兵器时代，只要关陇战事爆发，双方必争街亭，街亭得失，关乎关中安危。在街亭之战前，秦戎之战、略阳之战等重要战事均发生在街亭。

街亭与陇城 街亭原名街泉亭，为秦代在今之陇城置街泉亭行政机构而得名，其名最早出现于西晋史学家陈寿所著《三国志》，陈将街泉亭简写“街亭”，从此，街亭因战争扬名天下，使“街泉”之名鲜见于史书。西汉置街泉县，陇城故称汉街城。汉以后，陇城成为扼守陇右、通往关中的军事要冲，是丝绸之路进入甘肃的重镇，还是从关中跨越陇坂的必经之路和古代陇右的交通枢纽。史书记载亦不绝于篇。汉武帝元鼎三年（前114），汉武帝析陇西、北地初置天水郡，辖十六县，有天水郡之街泉县、略阳道。《汉书・地理志》载：“天水郡（武帝元鼎三年置）……县十六：平襄、街泉、戎邑道、望垣、罕开、绵诸道、阿阳、略阳道、冀、勇士、成纪、清水、奉捷……”。西汉置天水郡街泉县，故址在今秦安县东北九十里之陇城镇，即三国时马谡所失之街亭。街泉起名有二：一是处四通险要之道口，《说文》曰：“街，……四通道也。”二是得泉便水，杜佑《通典》卷一百七四云：“有街泉亭。”考其故地，《太平寰宇记》云：“街泉亭，俗名汉街城。在县东北六十里、汉立街泉县以属天水郡，即三国时蜀将马谡为张郃所败之处。”

《嘉庆重修一统志》载：“街泉废县，在秦安县东北。”郦道元《水经注・渭水》云：“……并出南山。北流于略阳城东，扬波北注川，水又西经略阳道故城北逕渠，水出南

街亭校场

校场演兵表演

山，北经逕峡北入城……其水自城北注川，一水二川，盖嚣所堨以灌略阳也。”证明略阳城就是秦之街泉亭城，西汉街泉县城，东汉略阳县城，三国街亭城，也即今之陇城。

街亭文化园 位于寺坪山顶，即三国街亭之战主战场、马谡兵营所在地，秦安县政府于 1997 年 10 月立“街亭古战场遗址”碑石标志。

寺坪山东、北、西三面悬崖峭立，北瞰陇城古城，东侧为风谷，南面仅以一路之宽与连渠梁相接，西侧为郑家沟。坪顶开阔平坦，可下瞰略阳川，城内景象亦历历在目。坪西北侧一条宽约 3 米的小径通往山下。

2007 年，聘请同济大学规划设计院专家编制《三国街亭古战场旅游景区规划》，以整个坪顶建设街亭文化园，面积约 25 万平方米。当年启动道路建设，平整硬化风谷景区路，并从风谷中部开挖道路 1.5 千米，接至凤尾通往李庄的路线上，使风谷景区与街亭文化园环形相接。2011 年，投入资金 300 余万元，开挖平整街亭文化园广场，建成长 13 米、宽 11 米、顶高 12 米的街亭仿汉亭一座。

广场周围退耕还林绿化景区 120 亩。2012 年，整合资金 128 万元，对街亭文化园实施美化、绿化和道路硬化。栽植雪松、云杉、垂柳等绿化苗木 1 万余株，硬化寺坪山西北侧凤尾村至寺坪山道路 1 千米，从寺坪山正北凤尾山下至街亭开挖修建直行台阶步道，完成街亭步道基础工程。

2014 年，稳步推进街亭文化园建设，新扩 60 亩工地进行绿化，栽植金丝柳、油松等绿化树木 2.4 万株，绿化总面积达到 200 余亩；扩建街亭文化广场至 2000 平方米，全部用大理石铺设；石条铺设亭正面至山脚长约 200 米、宽 4 米的上行阶梯步道，分 6 个平台、224 级台阶。

街亭林园

街亭之战

历史背景 刘备自夷陵之战失败后，于章武三年（223）病故，其子刘禅继位，诸葛亮辅政，南中孟获侵扰，蜀与东吴议和，先安南中，封锁秦岭蜀道，与魏战事暂息。魏认为蜀元气大伤，无力北进，只有凭险固守，方为上策。由于魏与吴战事再发，魏抽调陇右驻军东援，使街亭及周围郡县兵力削弱。

建兴六年（228），诸葛亮率10万大军乘虚北进，欲攻伐曹魏陇右，以先占陇右，再进关中，后捣洛阳，实现光复汉室的宏伟战略目标。

略阳地广物丰，人口众多，有“积谷之仓”之称，兵源充足，猛将如林，能独当一面，由于推行屯田制，陇右军民共同生产，百姓负担减轻，若战争发生于魏国域内，有军民共同对敌的战略优势。蜀则长途作战，远离后方，军粮运输困难，得地必守，兵力分散，很难集中优势兵力与魏相持抗衡。魏蜀用人方略不同，魏明帝慧眼识英才，任用战功赫赫，曾数到街亭深知陇右地理，深受街亭百姓拥护的名将张郃为先锋。诸葛亮违众拔谡，不用魏延，重用书生，违背刘备生前嘱托“此人言过其实，不可大用。”

战争经过 章武二年（222），诸葛亮以丞相秉政，为了完成兴汉大业，出祁山，致力北伐。

建兴五年，诸葛亮上表北伐，将素有“秦巴粮仓”的汉中选为大本营，亲率10万大军，北出剑门，走金牛道，经宁强县，屯兵汉中。在首出祁山之前的汉中会议上，督汉中镇远将军魏延提出了奇袭长安、一举灭魏的意见。诸葛亮分析当时战争形势后，认为这是轻躁冒进的危险计划，他审时度势，制订了“平取陇右，蚕食雍凉，逐步灭魏”的北伐战略和兵出祁山，绕道陇右，西连诸戎，夺取长安的持久战略方针。

建兴六年春，诸葛亮以佯出斜谷攻郿，迷惑魏军，并派主要将领赵云、邓芝以修缮斜谷道，大疑魏将曹真，并出兵箕谷（陕西太白岭）与曹军相持。随后，亲率6万大军自汉中西出祁山，一路号令严明，士气高昂，接连得胜。天水、南安、安定三郡相继降蜀，并收降了天水郡参军姜维。此时，诸葛亮未作进兵街亭，防守关陇咽喉要道的决策，而是在西城劳军安民。蜀得魏陇右三郡，魏都洛阳朝野震惊。魏明帝立召群臣商议退兵之策，派右将军张郃监管军务督步骑5万，自长安西进，浩浩荡荡直奔

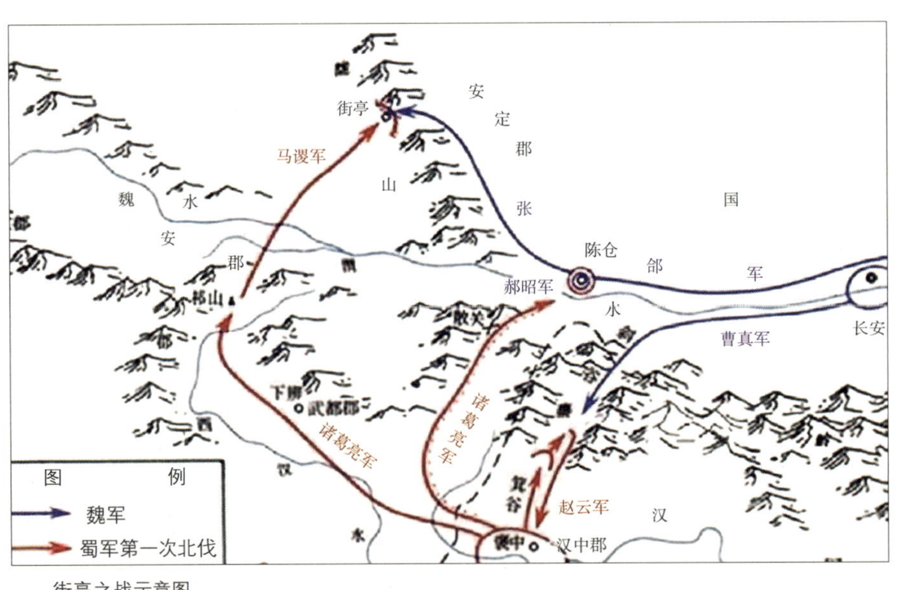

街亭之战示意图

街亭，抢占军事要道，以拒蜀军。二月十八日，魏明帝率臣到长安坐镇督战指挥，以安民心。

诸葛亮闻张郃统兵前来，料其必取街亭，于是重新部署了作战计划。诸葛亮“违众拔谡”，派参军马谡督诸军在前，固守街亭。行事谨慎、思虑周详的诸葛亮，为了保证事关全局的街亭之战万无一失，又派将军高翔为其翼，屯兵列柳城；派裨将王平、督将军李盛、黄袭、张休等皆随马谡疾赴街亭，以拒魏军。但马谡兵赴街亭后，既不按照诸葛亮的部署行事，又不听王平的谏阻，“依阻南山，不下拒城”。驻兵于街亭东南的今连柯川口、百顷塬及凤尾山、盘龙山一带。马谡道：“凭高视下，势如破竹，置之死地而后生。”王平数谏无效，不得已领千人屯兵于街亭西侧的今景阳川口，以防街亭危急，引兵营救。张郃得知马谡舍水上山，不下拒城，疾驱大军，包围南山，绝其汲道。魏军加紧攻山，蜀军久困渴乏，出战接连失利。马谡料难固守，突围南逃，众皆星散。王平正欲相救，却遇张郃迎面杀来，王平力穷势孤，鸣鼓自守，张郃疑有伏兵，不敢进逼，王平徐徐收合诸营溃兵撤退。同时，固守列柳城的高翔也被魏将郭淮所破。诸葛亮得知街亭失守，进无所拒，难以在陇右长驻，不得已迁西县千余户退还汉中。

街亭一战失败后，诸葛亮将马谡“下狱物故”，提拔王平为参军，升讨寇将军，封为亭侯，赏赵云。而后，诸葛亮痛定思痛，上疏曰：“请自贬三等，以督厥咎。”以右将军，行丞相事。

街亭古战场发现的剑、矛、马镫等遗物

张郃击败马谡，收复南安、天水、安定三郡。魏明帝还洛阳宫，赏赐张郃“邑千户”。

街亭之战，蜀军败退汉中，元气大伤；魏军收复陇右失地，士气大振。

行军路线 蜀军从汉中出发，经下辨、武都，一路北上攻占祁山要塞，立为大本营。攻下天水关，使魏南安、天水、安定三郡叛魏应亮，关中震响。而陇西诸郡县仍在坚守，等待援兵。诸葛亮移兵于渭河南岸的西城，统筹指挥，攻城夺地，战争异常激烈。当诸葛亮听闻魏遣张郃西援急进时，派马谡率 5 万大军抢夺关陇咽喉街亭。马谡分兵两路越渭河急奔街亭。一路经南河川、盘龙山梁西端沿黑谷堆（今云山）、远门、桐林湾、王河直达街亭城西。另一路经天水社棠、土门、红堡、白驼梁，从四龙堡南下街亭城东，至百顷塬分兵依南山扎营，放弃街亭城不守。

魏军张郃从长安出发，沿渭河北岸关陇大道经咸阳、扶风、武功、岐山、凤翔（雍州）、千阳、陇县之固关翻陇山隘口陇阪（今长宁驿）进入甘肃张家川（古称秦亭），直赴街亭。蜀军战败，马谡主力依南山四散奔逃，丢盔弃甲。高翔部从街亭东口联合川向南败退至天水。马谡及黄袭、李盛、张休等从四龙堡小道、盘龙山中道分别至天水。防守街亭西口景阳川的王平部则从中山梁、兴丰、古城、云山、南河川缓退天水。诸路蜀军从天水退还汉中。

军事重镇

陇城，为陇右军事重镇，自先秦始，群雄角逐，战事频仍。陇城，在中华军事史乃至世界军事史上都占有不可或缺的一页。

军事设施

城池 陇城古称龙城。此城依南山临北水，建于战国时期，有“一水二川”绕城之说。秦、西汉名街泉城；东汉称略阳城；北魏至今为陇城城。两千多年间，朝代更迭，而城址始终未变，城区面积约200亩，设东、南、西、北城门四座。北宋时期，筑炮台4座。

陇城寨 宋代，陇城为县，属陕西秦凤路秦州府。同时为秦凤路十三寨之一。

北宋庆历四年（1044），于陇城县故址北筑陇城寨，属秦州。《宋史·兵志》载：“……陇城寨，五门，五大部族、三十四小族、三十四姓，总兵马二千五十四。”

陇城寨雄居略阳川百里河谷，众山环抱，每逢战事，兵家必争。

据《武经总要前集》记载：“庆历中建寨，与德顺军水洛城、结公城，二城相接。东，弓门寨六十里；南，北（白）石堡四十里；北，瓦龙谷堡四十里；东南至治（冶）坊寨四十五里；东北，水洛城五十里；西，床穰寨六十里。”

北宋庆历三年，水洛城（今庄浪县治）吐蕃头领元宁（一说为亢宁）受静边塞（今静宁）主刘沪招抚。陇城县旧地即今秦安县东北部及庄浪一带重新归宋。北宋庆历五年后，在旧陇城县置陇城寨，屯军驻守。此时秦州境内既有陇城县，又有陇城寨。

宋时，陇城时遭金人侵略，宋将吴玠遣统领姚仲击败金人，收复陇城。

南宋建炎四年（1130），金兵从瓦亭进入陇右，攻陷陇城寨。金占领北秦州后，仍置秦州。金大定二十七年（1187）将所有寨升为县，陇城旧治（今陇城）复置陇城县。

关隘

陇城关 据《甘肃新通志》记载，陇城关在县城东北一百里，亦曰陇城镇，即宋代陇城寨，旧为县。陇城关，为“东连汧（阳）凤（翔），西控临（洮）巩（昌）”的陕甘通道，也是汉唐之后“丝绸之路”的必经之地。同时，又是历代通往州、郡、县的主要驿道，也是当地军事机构治地。南北两山对峙，形成一条百十里长的大河谷。陇城城居河谷中游，为凤尾山由南向北延伸的一块川台上，其城筑于战国时期。北城门距清水河仅十步，河北为青龙山，山梁从东向西横跨百里；南为盘龙山，其山雄伟，由断头山、四龙山、凤尾山、盘龙山、龙头山，群山组成。山山相连，东水西流，形成一个独特的战略要地，为历代兵家必争之地，故称陇城关。

卧马关 在陇城镇东北10千米处，清道光《秦安县志》云：“迤北为卧马关，百二十里。”有高庙山，山下有高庙沟，迤西有丹麻峪，又有丹麻驿站故址，迤西北为陇城北山。此关曾是陇城的北门户，又是通往海固的军事驿站和商道。

堡子 宋代起陇城就建有堡垒，这些堡垒多为当地一村或数村联合修建。今陇城镇内尚存堡子遗址11处，除常平堡保护完整外，其他各堡多为残迹。每个堡子作为军事设施，在战乱年代为抗击外来入侵者均起到一定的防卫作用。

常平堡

常平堡，位于陇城镇西南2.5千米的堡子山头，为明代所建。堡子山头海拔1520米，东、西、北三面为悬崖峭壁，南面依山，堡门朝东。堡门为砖木结构，古朴庄重，森严壁垒，深7.5米，原有木质、铁质门扇三道，堡门上方书“常平堡”三个楷书大字。整个堡子为椭圆形，犹如一条船。南北长150米，东西宽75米，堡墙宽约6米，高约9米。

清同治元年（1862），张家川、莲花城回民军在攻打陇城城的同时，集中火力攻打常平堡，连攻三昼夜，堡内民众以险固守，顽强抵抗，一次又一次击退进攻。人常曰：“铁打铜铸的常平堡，巍巍不动的半个城”。

陇城镇有堡子及残迹12处，分别为常营堡、略阳堡、张家堡、头图堡、上魏堡、石家堡、金泉堡、阴坡堡、付家堡、王坡堡、陈村堡（俗名黑土子陈家堡）、六庄堡。

东闸西锁 距陇城城东西1千米处各有一外城。东城名新城，为北宋所筑。城有东西二门，民国以前，凡东入陇城镇者，仅此路一条，故名“闸门”；西城名锁城，在今陇城镇卫生院与粮站相邻的街亭大道处。其城墙南通跑马巷，北至菜子川，中间建有一城门，为西进陇城镇之锁钥，故称“西锁”。故陇城作为军事城有“东闸西锁”之说。

后西锁城被毁。清光绪十六年（1890），陇城镇绅民又在原锁城处建一城楼，内塑钟馗神像，又称魁星楼，楼下设一门洞，是西进陇城唯一通道，也是陇城地方武装守卫陇城城之哨口。1958 年，拆城楼。1968 年，毁门洞。

重要战事

秦戎之战 西周时期的陇城是周之附庸秦与西戎共同活动、相互争夺的战略要地。据《史记·秦本纪》载，周孝王十三年（前 872），非子居犬丘，善养马。孝王命非子主管养马于汧渭之间，马大蕃息，乃封非子于秦，使续嬴氏祀，号曰秦嬴。非子为秦国始祖。秦，即秦亭，是周孝王给非子的封地，位于今陇城镇东 30 千米，也是秦人早期的都邑。嬴秦氏为扩土拓境，发展势力，与位于西部边陲筑邑的西戎部落，在秦亭与略阳川流域进行了一场场惊心动魄的战争。

周厉王末年，西戎攻灭西犬丘秦嬴部落大骆族。周王封秦仲为大夫，秦仲奋起伐西戎，为此献身。周宣王即召秦仲五子，派兵 7000，复伐西戎，大获全胜。宣王立秦仲长子，封给大骆（非子父）旧地，为西垂大夫，史称秦庄公，居西犬丘。其后，秦襄公、秦文公都长期定居于此。西周末年，不其（秦庄公）与西戎战于西，御追于略，就是追西戎于今陇城镇为中心的略阳川一带。为了争夺富饶之域，秦戎在西部边陲进行了多次攻伐战。

据《史记·秦本纪》载：“三十七年，秦用由余谋伐戎王，益国十二，开地千里，遂霸西戎。天子使召公过贺缪公以金鼓。”这次伐戎人与秦之先王不同的是，秦缪公获胜后，仍维持戎人部落的统治制度。其后，陇右诸戎部落长期与秦保持着半独立、半依附的关系。战国初，西戎再次崛起，与秦关系破裂。秦厉共公二十年（前 457），秦军攻伐西戎。秦惠公五年（前 395），秦军再次攻伐西戎，主要战场在以今陇城镇为中心的略阳川一带，以秦人胜利西戎失败告终。

略阳之战 东汉建武六年（30）春，光武帝刘秀对割据陇右的隗嚣、西蜀的公孙

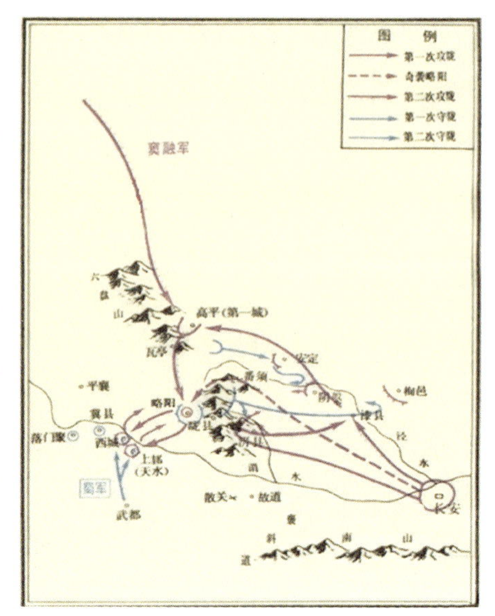

略阳之战示意图

述实施军事讨伐。刘秀先晓之以理，命隗嚣从天水出兵攻蜀，观其事态。隗嚣借白水险阻、栈道断绝，拒不出兵。光武帝再三筹划，决定先伐隗嚣，谋取陇右，再讨公孙述。

建武八年二月，命中郎将来歙秘密从番须、回中（今华亭县西南）伐木开道，以迅雷不及掩耳之势，兵临略阳城北门外（今王家湾），隗嚣守将金梁慌乱中打开北门，率部迎战来歙。两军混战于白崖寺附近，来歙指挥有方，斩金梁于山坡上，袭得略阳城。后世人称此地为野战坡，并有民谣："今日王家湾，昔日野战坡。金梁刀下鬼，来歙勇可歌。"此时，身居平襄的隗嚣闻略阳城陷，惊恐万分，感叹曰："何其神也！"隗嚣认为失其略阳，大业难保，其咽喉必危。于是，立派王元据陇坻（今陇山南段小陇山），牛邯军瓦亭（今宁夏隆德北），行巡守番须口（今张家川县东），王孟塞鸡头道（今平凉西），分兵防守，以拒汉军继续西进。隗嚣亲率大军数万围略阳城，以求复而夺之。公孙述也派大将李育、田弇率兵万人前来增援。

刘秀闻来歙袭得略阳城，欣喜万分，对左右曰："略阳，嚣所依阻，心腹已坏，则制其肢体易也。"并认为隗嚣失其城，势必反攻，旷日久围，攻城难下，将士疲惫，率大军乘危进击，陇可一举而定也。隗嚣失其略阳，决意光复，亲率数万，拼命围攻。来歙得略阳城，严阵以待，精心筹划，将士奋勇，据城射杀。箭射完了，拆屋断木，掘石为器，奋不顾身，死守坚城。隗嚣攻城数月，牢而不破，于是"削山筑堤，激水灌城"。企图从北门灌入，因城高水低，土堤难能承受大水，自决西去，未能奏效。

同年闰四月，刘秀统大军，亲征隗嚣，命诸将"数道上陇"。又有窦融率领五郡太守及羌人、小月氏等步骑数万，辎重5000余辆与刘秀会师高平，对隗嚣实行战略包围，并以书信招降了牛邯，瓦解防守陇山大军，使陇山要隘洞开，援军疾趋略阳，势如破竹，锐不可当。嚣军将士因久战不利，早已疲惫，军心涣散，无力再战。于是出现了降者众、战者寡之象。所属大将13人降汉，16县归汉，10余万士卒倒戈。隗嚣无奈，带妻儿逃奔西城，从大将军杨广，命王元入蜀再求公孙述相助。而李育、田弇退保上邽，以伺良机。历经半年，略阳解围，汉军振奋。刘秀大宴将士，劳赐来歙，赏赐歙妻缉千匹。封窦融为安乐侯、窦友为显亲侯。又下诏书，劝逃至西城的隗嚣投降，被拒之后，刘秀大怒，斩隗嚣之子隗恂。派吴汉、岑彭围西城，自率耿弇、盖延围上邽。此时，颍川盗贼群起，河东守军叛乱，刘秀震惊，急于八月东归，命窦融退归，再作良图。

十一月，王元率公孙述救兵突到陇上，汉军无力拒守，只好退兵长安。刘秀"得陇望蜀"的战略决策落得"功亏一篑"。于是，陇上安定、北地、天水、陇西四郡为隗嚣失而复得。

夏侯渊略阳征韩遂 东汉末年，群雄逐鹿中原。关陇为马超、韩遂等四部所据。建安十六年（211）三月，曹操遣司隶校尉钟繇讨伐汉中张鲁。马超、韩遂等疑为袭己，联合抗曹，有凉州豪吏聚众十万，屯据潼关。九月，曹兵大破联军，马超败奔凉州，韩遂据略阳、显亲。

建安十九年春，夏侯渊派遣张郃率800精锐轻骑，沿陇山小道偷袭，进入陇右渭水，大破马超。夏侯渊自统大军沿陇山大道进袭略阳川。韩遂在两路夹击下，难以恋战，退防显亲。夏侯渊、张郃穷追不舍，收拾其丢失粮草积蓄，追至略阳城，占领了陇右咽喉要道，立为大本营。

其后，夏侯渊留督将在略阳守辎重，亲自带领轻步骑兵，绕道进至长离，向烧当羌发起猛烈进攻。两军对垒，夏侯渊亲上前线指挥，并擂响战鼓，众将领身先士卒，一鼓作气，大破韩遂军于长离，而兴国、显亲不攻自破。韩遂率残部逃奔金城。此一战，陇右所属州、郡、县地尽归曹军。

陈安悲壮保陇城 西晋"八王之乱"，使全国陷于战争，各地王室握权自保，出现军阀割据局面。

永嘉五年（311）四月，南阳王司马模命世子司马保镇守上邽，秦州刺史裴苞拒之，司马模派遣部将陈安攻打裴苞，裴苞败奔安定。前赵主刘曜乘机偷袭长安，杀司马模，迁都长安，改国号为赵。翌年，石勒在河北称赵王。刘曜对各族大肆掠夺屠杀，激起氐、羌、巴、羯等族聚众30余万，联合起义。最著名为陈安抗刘曜、保陇城之战。

东晋大兴二年（319）四月，司马保在祁山称晋王，陈安响应，自称秦州刺史。永昌元年（322）二月，陈安大掠辎重驰还上邽，并派遣部将刘烈、赵罕袭破汧城，陇上氐、羌皆服于陈安。陈安一时兵强马壮，有兵10余万，威震关陇，自称大都督、大将军，领雍、凉、秦、梁四州牧，称凉王。

晋太宁元年（323）元月，陈安率兵在南安围攻刘曜的征西将军刘贡，得知刘曜的秦州刺史石武攻打上邽，陈安弃贡驰归上邽，刘贡见陈安撤兵救上邽，随后紧追，在上邽与石武联合大破陈安。陈安大军溃败，于是留宋亭守上邽，自收步骑8000余奔保陇城。七月，刘派兵围上邽，自率精兵攻打陇城。陈安几次出战，均失败。于是，留杨伯支、姜冲儿等坚守陇城城池，自带数百精骑突围出城，欲召上邽、平襄兵前来解围。谁知上邽被围，平襄被毁，陇上诸县多降赵。无奈，陈安只有南走陕中。刘曜为歼陈安，立派主将平先、丘仲伯率轻骑追杀，陈安几战皆败。平先俘斩陈安精骑400余首级。兵至陕中，所剩壮士10余骑，仍英勇作战。陈安左手奋七尺大刀，右手执丈八蛇矛，近交则刀矛俱发，远则双带鞬服，左右驰射而走。曾与平先亲手交战者三，丢弃蛇矛，夜奔遇雨，弃骑步行，所随五六将士，各负重伤，涉水逾岭，匿于溪涧。翌日，被辅威将军呼延清斩于涧曲。陈安死后，陇城城破，守将姜冲儿被杀，秦州、略阳皆为刘曜所据。氐、羌皆降于前赵。刘曜迁秦州、略阳大姓杨氏及羌族千余户于长安。尔后，当地人为纪念陈安这位英雄，将略阳川称壮士川。

秦凉激战略阳川　东晋永和十年（354）三月，都督荆州刺史桓温出师北伐前秦，连破苻健大军。此时，前凉秦州刺史王擢攻占了秦陈仓，杀秦扶风内史毛难，以接应桓温。苻健令苻雄大破王擢于陈仓，王擢败奔略阳（今陇城）。桓温退返襄阳（今湖北襄阳市）。十月，桓温进入关中，王擢遣使书告凉王张祚，言桓温善用兵，其志难测。祚惧，且畏擢叛己，遣人刺之。事泄，张祚益惧，发大兵，声言东伐，实欲西保敦煌，看到桓温退去才停止行动。既而，遣秦州刺史牛霸等率兵3000人，在略阳川与王擢激战，王擢兵寡，大败于牛霸，投降前秦。此后，秦王苻坚封王擢为尚书。

王元寿起义略阳城　北魏太和元年（477），秦州刺史尉洛侯实行残酷统治，滥用酷刑，激起略阳民众强烈反抗。王元寿在略阳自称冲天王，聚5000余众起义，反抗尉洛侯暴行。两个月后，起义军被镇压，俘王元寿及妻子，解送京都平城。镇压并没有使秦州、略阳人屈服，反而激起民众更强烈的反抗。紧接着起义烈火燃烧整个陇右。为维护其统治，孝文帝下令于太和七年十二月处死尉洛侯，以安各州县民众。

尔朱天光占陇城　北魏永安二年（529）七月，氐人起义，一部由王庆云率领攻战略阳。另一部由万俟丑奴率领，被官军战败，万俟丑奴被官军尔朱天光部俘获处死，其余部由万俟道洛率领撤军略阳，与王庆云军会合，据守略阳、水洛城一带。永安三年七月，尔朱天光率兵进入陇右，攻占了陇城，王庆云和万俟道洛退守水洛城拒战，被尔朱天光“悉坑其众，死者万七千人”，分其家口为奴婢。尔朱天光屯兵略阳，战事稍息。

宇文泰轻骑取陇城 北魏永熙三年（534）二月，秦州刺史侯莫陈悦诱杀了北魏都督、武川镇将贺拔岳，略阳川又燃起战火。贺拔岳死后，关陇六军无主，贺拔岳部下哀请雍州刺史宇文泰率兵讨伐侯莫陈悦，宇文泰受请。四月，宇文泰率兵首战，攻破水洛城，侯莫陈悦退保略阳，宇文泰派轻骑直趋略阳，侯莫陈悦再败退走上邽，又被击败，便逃奔灵武，宇文泰穷追不舍，侯莫陈悦走投无路，遂于途中缢死。关陇战火平息。西魏建立，元宝炬为帝，略阳归西魏，加封宇文泰为关西大都督、略阳公。

杨开甲兵败略阳川 清嘉庆三年（1798），川、陕、鄂三省交界地带起义的白莲教数千人，占领川东。清政府调集5万余兵围剿，白莲教迫于形势，分兵两路，采取流动作战方式，有杨开甲部6000人攻入秦州。嘉庆五年三月，杨开甲率部万余人北上清水，进入清水河流域的陇城、龙山活动。清政府派遣钦差大臣那彦成自陇州（今陕西陇县）督兵西进，与陕甘总督恒瑞兵分两路在汪家山合围，把总孔登元星夜助战，“白号军”三面受敌，3000多名义军被杀。最后，白号军不得不撤出陇城，转战秦安县城西北。

十年战火略阳川 清同治时期，政府已腐败不堪，民不聊生。各地农民起义如火如荼，清政府为了镇压起义军，启用汉族地方武装。在清政府“袒汉抑回”民族政策的影响下，地处回汉杂居的地方百姓经常互相仇杀。

同治元年（1862）初，西北地区的回族人民掀起大规模反清浪潮。地处清水河流域的龙山、陇城、莲花三镇的回民和张家川回民同陕西回民相互联系，相互声援，仇杀清政府地方官吏，向汉民居住的城堡展开残酷的攻夺战。为此，汉民修堡寨，练团勇以防回民；回民备干戈、习武术以防汉民。村村镇镇各自集结，人人戒备，以防不测。

同年九月，张家川回首李得仓率领数千人，联合凤翔回首铁正国攻打陇城镇东15千米之龙山城。陇城镇西20千米的莲花城回民推穆生华为首领，在城东古巴川建立据点，建年号，歃血为盟，聚义反清，并配合李得仓为大帅的张家川回军与地方官府民团展开激烈的斗争。攻打陇城，数日未果。

同年十一月，天水总兵杨永魁率领3000清兵会同李玉珍讨伐围剿回军。深夜回军偷袭，杨军被歼，几路援军相继溃败。之后，回军又乘胜转攻龙山城，受阻，而穆生华也在扯弓原被当地民团和清军歼灭。

其后，同治二年、同治三年、同治七年又多次发生清军、地方民团与回军的斗争，一直延续到同治十年，回军终被清军进剿招抚，战事才算平息。

驻防与武装力量

驻防 东汉建武元年（25），隗嚣据天水，为防刘秀军入陇，派金梁为将驻守略阳城。建武八年，汉中郎将来歙袭得略阳城后驻守。建安十七年（212），韩遂自渭南战役失败后退守陇山，驻军略阳城。建安十九年，夏侯渊、张郃袭得略阳、显亲后，驻军略阳城。东晋升平三年（359），前秦平羌护军高离镇守略阳城。太和元年（366），前秦将领歙岐驻守略阳城。太元十四年（389），后秦姚详驻守略阳城。义熙七年（411），西秦王乞伏乾归派军驻守略阳城。北魏永安三年（530），都督尔朱天光驻军略阳城。西魏大统十一年（545），护军杜珍驻防略阳城。隋大业九年（613），金城府校尉薛举据守陇城县。唐景福二年（893），凤翔兼山南西道节度使李茂贞派军驻守陇城县。北宋天圣七年（1029），开国侯狄讷、陇城寨兵马监押赵珣驻防陇城。明成化十一年（1475），陇城镇巡检司检官李通驻防陇城，有弓兵 20 名。清嘉庆五年（1800），钦差大臣那彦成督兵西剿白莲教“白号军”，派兵在陇城据关防守。

团练　民团 清咸丰三年（1853），普行团练，陇城镇内有练勇 400 名，乡团约 800 名。同治元年（1862）至同治十年，陇城镇内有民团约 600 名。各堡寨有民团约 1200 名。分布在高庄堡、汪家堡、小张堡、窦家堡、魏家堡、袁家堡等。民国初年建地方民团，团设团总、团勇。其团总由地方区镇长兼任，团勇召富户、大户和无业青年参加。1926 年，陇城区特请山西人尚登科任教练，训练团勇，以练武强身、自卫防盗、防匪为宗旨，农忙种地，农闲集中训练。有团勇约 600 名。陇城镇区为总团，各乡村设分团，一有战事听从总团指挥。1933 年后，陇城区有团勇约 400 名，由区长兼任团总。1945—1949 年，陇城地方治安由县自卫队和地方民团协调防务，团勇人数不足百人，团总由镇政府专人任职。

文化名镇

早在八千年前的大地湾文化时期，陇城境内已形成村落。秦汉至今保存了众多文化遗址、历史文物、名胜古迹，传承并发展了庙会祭祀、戏曲社火、刺绣雕塑、剪纸草编等非物质文化遗产，展示了古镇丰富的文化内涵。

名胜古迹

陇城明清街 陇城明清街，自东向西、从南到北成“丁”字形。街道全长380米、宽约8米，今保留明清时期商铺33座、94间，其中阁楼式铺面3座、9间，四马悬蹄式大门1座，是保存较为完整的明清建筑群。

清代后期的陇城街道，临街两旁有砖土木结构商铺200多间，其中“双面两檐泼水”“单面鞍架”“双面五檩四”等各式木楼20多间。高楼瓦房，错落相间；全青色木质门面间间相接，木牌字号高高悬挂，古香古色，典雅庄重；木质柜台、货架、地板布设精当考究。沿街建有山西、陕西商会会馆，有兴顺和、泰来和、白山杨、兴盛泰、积庆余、永盛元、福泰堂、张家山、窑沟坪、丰盛元、勤顺祥、增胜积等富商的商铺字号，其主要经营棉花、布匹、食品、烧酒、山货等。

2009年5月，陇城明清街被秦安县人民政府公布为县级文物保护单位。2011—2014年，县政府立项拨专款500余万元，加固维修陇城明清街古商铺64间，共计960平方米，并将其列为名镇保护规划重点项目。

民居大门

四合院 明清以后，陇城镇区多建四合院，一些富户及达官贵人多建富丽堂皇的四合院，有的一

明清铺面

进两院，有的一进三、五院。清光绪时期，聂思敬在陇城城内所建一进两院式四合院最为讲究。院落坐南朝北，大门临陇城南街，为过厅式大门。第一道院门两侧各建两座厦房，为砖土木结构，东西两侧各建三间厢房，木面土背，做工精细，院中央为一颗印式特大锁子厅，形如鸟巢，长约 12 米、宽约 8 米，两面山墙为土坯建筑，地基为三合土夯实，上砌石条，架大青砖，南北两檐与里面隔断全为木结构，大厅中间为通道，前后有门，两侧各建五处住房，东西对称，中间各建三间厅室；南北为辅室各四间。整个大厅木雕木刻，古朴典雅。第二道院为主院，正南建一座长 8 米、深 6 米的三椽单背大上房，坐南面北，石阶三层，古色古香，东西两侧建两座厢房，相互对称，所有门窗透花雕刻，上明下暗。整个院落的走廊和滴檐处全用五色碎石砌成花鸟鱼虫图案，房内陈设梨木家具，有雕刻方桌、太师椅、八仙桌、画桌、躺椅、祭祀献器、画匣、高低餐桌等。

富户杨思奇建一进五院式四合院，历经近百年逐步建成。其建筑有前院、中院、后院、侧院和马院。前中后三院均为四檩三椽式堂屋，平木飞檐。枤梁相接，雕刻云头云板，山墙雕刻砖码头，门窗为透花棋盘式样，廊檐台阶为花岗岩石砌。厦房建过厅，侧房为三至五间砖土木结构架子瓦房，东修马院，西修各行管事人员及长工住房。院修四马悬蹄式大门。

城内还有张家大院、赵家大院、蔡家大院、李家大院、彭家大院、孙家大院等。这些大院均为一进两院，临街建有商铺。城外西关村姜氏“贡老爷”和“王乡爷”两家四

四合院

合院颇为讲究。清末，陇城商人姜积善之父“贡老爷”在外地经商发家，在家乡西关村建有一进两院式四合院，并带梨园，又建马院。其主房为一座起脊瓦兽半寺式堂屋，东西北三面建有房屋，四角建卧阁，廊檐相通，房房相连，大门内又连退壁门。王尚贤之父“王乡爷”建一进三院式四合院，布局成倒“品”字形。正院主房坐北朝南，为五檩四式锁子厅大堂屋，东西厢房各大三间，南厦房为大三间全身鞍架式结构，四角建阁房、门口建门房，大门为穿靴戴帽式，布局整齐，雅致不俗。滴檐处植马兰花。前院两处，左马院，右客房兼仓储。

陇城镇区四合院建筑气势宏大、主次分明，设计庄重雅典，做工精良，是中国历史文化名镇陇城镇建筑文化的一大特色。

西番寺　西番寺位于陇城古城西南 1 千米处。盘龙山南端西番坪，因山头形似麦垛而得名“积麦崖”，又名西番寺。西番之名与西羌割据陇城有关，西番即西羌。明《秦安志》云：“其上为西番坪，其坪下瞰陇城。”相传始建于战国末期，盘踞陇右一带的阿育王，严重妨碍秦朝统一。为了巩固后方，全力向东用兵而无后顾之忧，秦始皇亲自统兵平叛，终于铲除阿育王的割据势力，为平定六国奠定了基础。秦始皇曾登临积麦崖巅，遥望陇右大地感叹道：“吾无忧矣”。此后，陇城民众和地方官员便在积麦崖上凿洞建庙宇，取名“无忧崖”。东汉时期佛教传入，又增建寺院，遂改曰“无忧寺”。寺内集佛、道、儒三教。后改名西番寺至今。

唐贞观年间，佛教兴盛，山场寺院规模扩大。据清人李勉《西番寺碑记》载：“有唐尉迟恭敬德重建”，西番寺达到鼎盛时期，寺内有殿、阁、庙、洞计 19 处。并配有山门两道，乐楼一处，钟楼一座，僧房、伙房等 20 多处，为规模恢宏的郡县级庙宇建筑群。宋金时期，惨遭兵燹，寺庙多毁，留残碑一角，失其年号，上有“陇城县令陆保”字样，疑与倡议督工维修寺庙有关。明洪武十八年（1385）又重建。清同治初年，回民起事，庙宇再度遭毁。

清光绪十四年（1888）至民国初年，经陇城绅民多年捐资修建，基本恢复原貌。西番寺依山而建，因势造型，随地起四台，曲径勾连；庙宇壮观，楼阁殿洞错落有

西番寺顶洞

西番寺山门

致。第一台地建土地庙、魁星庙和磨针洞。第二台地，西建灵官殿，北建戏楼，临崖面南。第三台地为全寺建筑核心。院内有千年古柏和形如巨伞的盘龙古槐，真武大殿坐南面北，为寺庙之主。西建子孙宫和考察殿，东建药王殿、寿星庙、八仙庵和僧房，正北建山门和钟楼。西南依峭壁分三层建有供奉一佛二菩萨的“连体洞殿”，整体洞阁高约 15 米，顶部呈棱锥形歇山屋顶，巍峨轩昂，独具一格。底层掘建地藏王洞（幽冥宫），内立地藏王及十殿阎君，外砖雕饰面，刻题楹联曰“掌上明珠照破十八幽府，手中锡杖解脱数万冤魂。”二层叠建观音菩萨洞（圆通宫），洞口砖刻楹联：“若不回头，谁替你救苦救难；如能转念，何须我大慈大悲。”三层建正觉宫，俗称顶洞。此殿一半坐落第四台地，一半凌空飞架，势如悬空，飞檐高翘，风铃垂悬。顶洞与二洞连为一体，在二洞檐顶和顶洞廊板上开一天窗，立一通天柱，人若先达二洞，可攀柱经天窗进入顶洞；若先到顶洞，可抱柱滑行到第二洞。第四台地从南向北依次建老君庵、弥勒佛殿和玉皇阁。西番寺庙宇集中国古典式殿、洞、阁、楼建筑于一体。壁画塑像，栩栩如生，松柏垂青，古槐龙蟠，钟声悠扬，风铃清脆。

“文化大革命”时期，西番寺再遭毁坏。改革开放后，庙宇复修。1987 年，当地民众捐资献料，建成真武殿、幽冥宫、圆通宫。1989 年 7 月，修建子孙宫、考察殿。1999 年秋，邑人常俊杰捐资助工打井装管，引水上山。2001 年，修建连接二、三台地的阶梯、山场护坡，安装铁栏杆，建灵官殿、土地庙、魁星阁、磨针庙、文昌阁。2006 年，建钟楼。2008 年，各界人士捐资 20 万元建顶洞（正觉宫）。2009 年 5 月，西番寺被秦安县人民政府公布为县级文物保护单位。2011 年 6 月，新建七级浮屠一座。2012 年，略阳村安芳兰捐资18万元，陇城民众集资15万元，建成西番寺花岗岩石台阶、雕刻护栏铺装工程。2013年，经张国霖介绍，刘振宇为西番寺请缅甸释迦牟尼玉佛一尊。上海翁建新捐助100万元，各界人士捐资200多万元，于2016年建大雄宝殿。

2017年4月，陇城民众捐资，用大理石料建牌坊式总山门和庙院门两座。总山门内外分别有匾额“西番寺”。

常平堡 位于秦安县陇城镇西南堡子山头。东、西、北三面悬崖峭壁，南面依山，堡门朝东。沿山下蜿蜒的水泥台阶，拾级而上，可到堡门。堡门为砖木结构，古朴庄重，森严壁垒，其深7.5米。原有木质、铁质门扇三道，堡门上方有清代举人彭绵宣书“常平堡”三个楷书大字。整个堡子为椭圆形，犹如一条船。堡南北长150米，东西宽75米。城墙高约10米，居高临下，易守难攻。

堡子至今保存完好，昔日的防御工事现已被改建成一所农村公园。进入堡内，堡分两半，南为公园，北为民居，住有往日守堡人后代。一条长廊直通公园门口，公园坐南向北，其园门为仿古式退碑门，建造精致。园分东中西三区，正中是园区建设中心，一进园门，建有一八卦形大花园，植满四季花卉。周围有四个小花园，犹如众星拱月。园内正南为一座四柱重檐大殿，名曰“惠泽王庙”。其东西两侧建有游艺室、阅览室、庙会办公室兼公园管理处。中园区四角并有四个圆形月门，可通东西两园。东园区建有30米画廊。两园区建有凉亭两处。两区分别还建有草坪、石龙、石狮、假山，植松树共300余棵。

2017年3月，秦安县文化旅游局拨专款50万元对常平堡公园进行保护性修建。将

常平堡大门

常平堡址碑

常平堡公园一角

堡内 6 户居民实施易地搬迁。新建园区，正北面建凉亭一座，与南面旧园区山门及正殿处在中轴线上。西北另建一凉亭与旧园区凉亭遥相呼应。东西各建长廊花架一座，均等对称，镂空砖雕照壁，一字排列在东长廊花架前。园内植花木，地面铺雨花石甬道。

关帝庙 清顺治皇帝敕封三国蜀汉名将关羽为“忠义神关圣大帝”。陇城城内下街关帝庙建于康熙末年，规模宏大，气势轩昂，是一所四合院式建筑。

庙院正北为关帝大殿，砖土木结构。造型为五檩一木方，四椽两飞檐，14 根千斤木柱，分为八明六暗，四门三开十二扇，上明下暗，雕梁画栋，翘首飞檐。四角雕有龙、凤、麒麟、大象，活灵活现。檐头各悬挂一只铜风铃，响声悦耳。大殿门口上方高悬“忠义神圣”牌匾，内塑关帝神像，赤面绿袍，左手持书，右手捋髯，威坐神龛，左关平，右周仓，肃然侍立。

庙院南面是前后两开式戏楼，全为木结构，分上下两层。上层五间戏楼，中为戏台。每逢大戏公演，开南口，面向街道；若上演卖戏或私人还愿戏，则开北口，向内演出。下层是五间商铺。庙外戏楼前有两根 9 米长的铁旗杆，基座是重 150 千克的铁狮子，

关帝庙

每逢庙会演出，升龙虎旗。

庙院东西两侧建钟鼓楼，楼分两层，上层高悬钟鼓，下层塑有赤兔马。东为庙会会长室，西有山西会馆办事处。

庙院正中建有一全木结构的卷棚，供庙会期间工作人员或看戏人歇息。

陇城城内原关帝庙已荡然无存，先毁于“大跃进”时期，再毁于“文化大革命”时期。现存关帝庙为 2013 年陇城民众自愿捐资 60 余万元在原址重建。

龙泉 位于陇城古城西城门外三路交汇处。因长年供周围村民或外来商户随意取水，俗称“官井”。泉的下部四周为天然鹅卵石围砌，上部为花岗岩石条砌起；泉口沿为一整块直径约 1.6 米、厚 0.4 米的花岗岩巨石穿孔而成，此石经多年绳索拉磨、流水冲刷，光滑明亮。

龙泉历经千年岁月，冬夏不枯，水势旺盛，水质纯甜，可供城里城外近万居民饮用。相传女娲曾用此泉水抟土造人，后代尊呼龙泉，因感女娲之功德，曾在此泉上修建一遮风挡尘之亭子，称龙泉亭。

2008 年，秦安县政府为建设好中国历史文化名镇，立项拨款重建龙泉亭。新建的龙泉亭呈八卦形，为重檐宝顶式，琉璃瓦顶，八角飞翘，雕龙刻凤，风采翩然。两檐之间，挂有“龙泉”两个楷书大字牌匾。

牌楼　明清时期，陇城城外多处建有牌楼。城内从南至北街道上，依次建有娲皇牌楼、张侍郎牌楼、王氏贞节牌楼、关帝牌楼。

龙泉亭

南街口建有娲皇牌楼，高约 7 米、宽约 3 米，青石条底座，飞檐凌空，雕琢彩绘，庄重古朴。

明代，在中街建有张侍郎牌楼，是官府和当地民众修建的一座都宪牌楼。建筑风格为典型的明代阁楼式。上方有明代文学家李梦阳题写的“大明都察院右副都御使张锦祠”。

清代，在南街十字路口，建有一座私人牌坊，是陇城窑沟坪人、清太学生王肯堂之子太学生王保三、王尊三为其祖母赵氏所建的一座贞节功德牌坊，设计独特，做工精良。下立石碑，载赵氏在年 22 岁时丧夫，抚子成才，后因子丧，又抚孙成才，含辛茹苦一生。

康熙末年，在西街建关财神牌楼，由晋、陕及陇城众商捐资筹建，规模宏大，气势轩昂。飞檐下绘有“虎牢关”“出五关”“单刀会”内容的彩绘。

张锦牌楼毁于清代中期水冲城垣，其他牌楼毁于“大跃进”时期。

2007 年，陇城镇政府在娲皇路口建仿古式全木结构娲皇牌楼。

新城 据北宋《武经总要》记载，北宋庆历年间建陇城寨，相对于陇城古城而言，是新城。古城遗址自秦汉以来未变，称古城、老城、大城、旧城。唯称距古城东 1 千米之城为新城。一城二门，长约 300 米、宽约 200 米，占地 80 余亩。城之东西各设一门，东门建城门楼，西城门临风谷水，与古城为呼应之势。城南靠剪子山，与寺坪山仅一路之隔，城北为略阳川水。残垣断墙，至今犹存。

魁星阁楼 明代以前，陇城镇魁星阁楼建于西番寺第三台阶，坐西北，面东南。明洪武十八年（1385）重建，清同治时回民起事遭焚毁。1938 年，于陇城城西 1 千米故西锁城城墙遗址再建，横跨关陇古道。阁楼是一座城楼式古建筑，分上下两层，下层用土坯卷成一拱形楼洞，深 16 米、宽 8 米、高 6 米。上层建阁楼，坐西面东，为砖土木结构，长 8 米、宽 6 米，明柱飞檐，雕刻门窗，起脊瓦兽。楼洞北侧，立清代秦安知县牛运震德政碑，为民

魁星阁楼图　　王永林　绘

国时期陇城镇主要景观之一。

凉飔阁　位于城南寺坪山西北角绝顶处。建于北宋元祐七年（1092），毁坏年代不详，建阁碑文留存完整，记录了当时陇城的一些珍贵信息。

据《凉飔阁碑记》载，北宋庆历三年（1043），宋收复吐蕃占据的陇城，置寨设官，驻守治理。“时有僧从善者，于寨之东南阜绝顶创葺精宇，以备邑僚行香。又于院之北隅别建一亭，下瞰闉垒。”50年后，陇城物阜民丰，然“其亭迄今，年祀浸远，栋摧桷衰，将不蔽风雨。”时任陇城寨知寨狄訷组织民众捐资、投工，并谕寺院僧侣化缘筹资，一时“材力云萃”，在原亭址筑高约6米见方的地基，上建两层“俭而有制”阁楼。

因陇城城池依傍寺坪山，阁矗山顶崖边，登阁凭栏下瞰，城内景象历历在目；环顾东西，略阳川尽收眼底；“周眺云山，景益虚旷。”凉飔阁又与西山西番寺玉皇阁遥相呼应，为当地一大名胜，是游人登高览胜最佳处。

凉飔阁落成时，史之才撰碑文，以志知寨“号令明，刑赏公，不昵憸人，不虐无告，与民同乐。”阁名为一僚佐向狄訷献言：“其阁面于北，长风远来，故《诗》曰‘北风其凉飔’者，风之貌，宜目之，曰‘凉飔阁’”。

文物

秦权　1967年，上袁村出土一件镌刻秦诏版的“两诏铜权”，国内罕见。权，即砝码，后世称“秤砣”。权体设计为空心钟形。顶部微弧，呈伞盖状，鼻钮，底呈圆形。高7.02厘米，底径5.2厘米，重250.2克。为增大器表，以载铭文，器表铸有多道竖条觚棱，在觚棱之间的平面上錾刻着秦始皇二十六年（前221）统一度量衡诏和秦二世元年（前209）诏。诏文用阴文小篆，字体工整秀丽，笔画遒劲流畅，文字清晰，该权内容一为始皇诏文：“廿六年，皇帝尽并兼天下诸侯，黔首大安，立号为皇帝。乃诏丞相状、绾：法度量则不壹，歉疑者皆明壹之。”共7行40字；一为秦二世元年诏文：“元年，制诏丞相斯、去疾‘法度量尽始皇帝为之，皆有刻辞焉。今袭号，而刻辞不称始皇帝，其于久远矣，如后世为之者，不称成功盛德，刻此诏。’故刻左，使毋疑。”共 9 行 60 字。为国家一级文物。

秦铜灯 亦称启合铜灯。主体呈柱形，高 14.5 厘米，底径 6.9 厘米，侧有一轴，上下通连，上接一灯碗，下连一圆形底座。灯身为柱体，可以转动。底座可分离，三足，带把柄，也可独立为灯。此灯可启可合，启为三盏灯，合为一盏灯，盖上盖子可以随身携带，是当时贵族使用的灯具。其设计科学，构造精巧，使用方便，将艺术性和实用性巧妙地结合在一起。此灯对研究秦代的冶金技术和生产技艺有重要价值。为国家一级文物。

秦铜灯

印章 秦墓（M6）中出土一枚刻篆文“翠”字的私人铜印。体小，上窄下宽，圆形印面，环钮，钮顶残缺，有边栏，白文。残高 0.6 厘米、径 0.9 厘米。汉墓中出土一枚篆文为“桥䜣之印”的铜印章。印面正方形，白文，字铸成，笔画较深，无边栏界格，拱形钮。通高 1.5 厘米、边长 1.5 厘米。

“翠”字印

桥䜣之印

铜镜 秦墓出土素面、三弦钮、背面有微鼓的两圈宽带纹和边缘的铜镜一面，与陕西临潼秦墓出土的铜镜相同。

铜戈 秦墓（M7）中出土铜戈一件，长胡三穿，穿呈半圆形，有栏界，援胡大于直角，援锋扁平，两侧有刃，援与内略向上翘。与秦陵二号坑出土的铜戈相同，是标准的秦戈。

车马 秦墓（M7）中附葬有双辕驾一马，车上竖华盖的铜车马。

玉璜 秦墓（M7）中出土一扇面形、呈乳黄色玉璜。长 13 厘米、宽 2.5 厘米。器身下边正中有一小孔，周边有小缺口，表面饰谷纹。一面侧旁刻有很细的篆字四个，但字迹模糊。

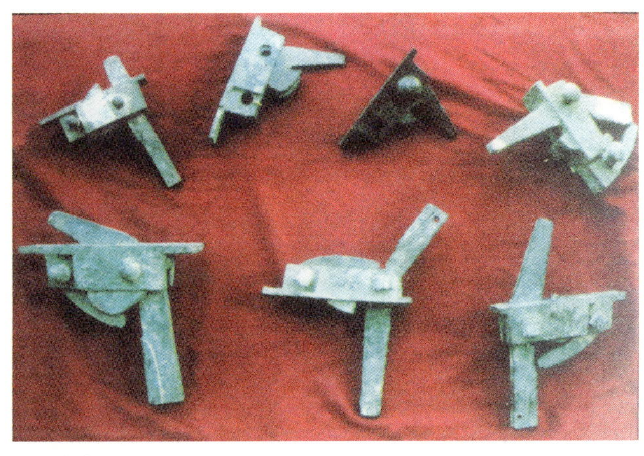

弩机

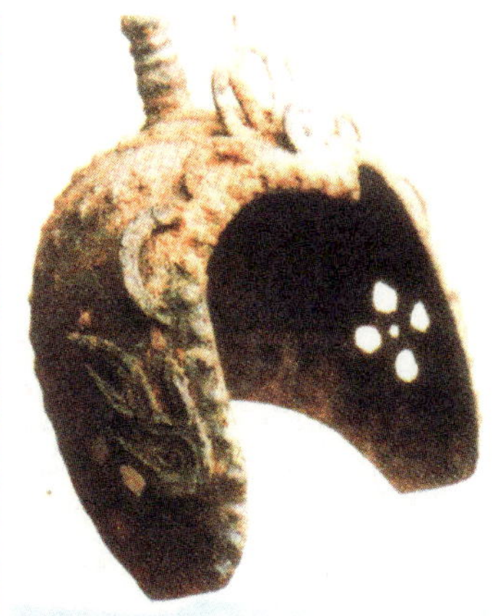

头盔

弩机 1956 年，在陇城镇西 3 千米处的蔡河村出土一弩机，上铸一“蜀”字。上交甘肃省博物馆。

头盔 1983 年，在陇城镇境内出土三国时期头盔一顶。上交秦安县博物馆。

行军锅 1936 年，修秦张公路时，在陇城镇王家川挖出了一口“行军锅”，上铸“汉大丞相诸葛武侯制”字样，锅分两层，上层铸有“水”字，下层铸有“火”字，周围铸有“乾、坎、艮、震、巽、离、坤、兑”字样。

1972 年，甘肃省文物考古队对陇城镇上袁家古墓地进行铲探，又探出 6 座古墓。1976 年 7 月，省文物考古队对该墓地进行发掘，发现秦墓 2 座，西汉墓 4 座，出土文物种类多、数量大。主要有陶器 41 件，铜器 568 件，铁器 23 件，玉、石、料、骨器 51 件，铅器 4 件。另出土 1 枚半两钱，钱径 3.2 厘米，是秦统一天下后实行的法定货币。虽然汉墓遭到严重破坏，但仍然出土许多小型铜车马器、玉衣片等。

秦汉墓葬群 位于陇城镇南 2.5 千米的上袁村东山麓。从上袁村窑沟坪自然村向南延伸至南七村一带，均有秦汉墓葬。2009 年 5 月 31 日，被秦安县人民政府公布为“县级文物保护单位”。

1967 年秋，上袁村村民在本村东山第二台地上修水平梯田时，挖出一方形墓坑。墓坑全用木炭围绕，墓内出土文物有陶器 12 件，铜器 25 件，铁权 2 件，秦铜权 1 件，秦铜灯 1 件。其中秦铜权和秦铜灯是罕见的文物。

2005 年年初，上袁南七秦汉墓葬群遭到不法分子多次猖狂盗挖，公安机关会同海关追回先后盗走的汉代古钱币、铜钫、铜鼎、铜镜等 70 余件。据陕西省考古研究所专家

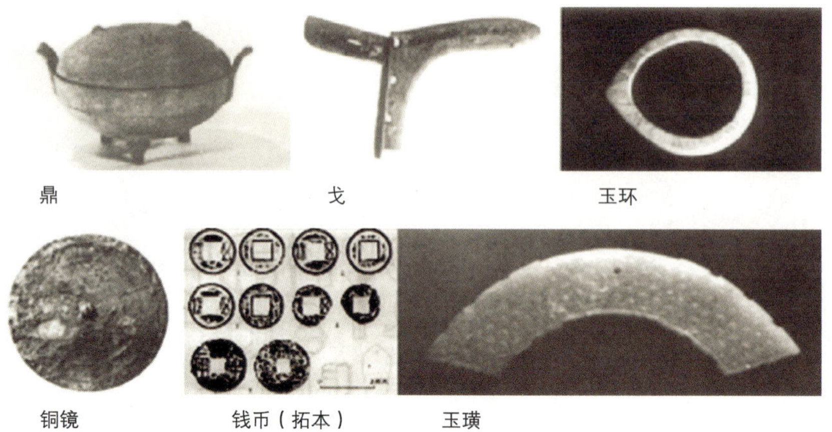
鼎 戈 玉环
铜镜 钱币（拓本） 玉璜

称，结合 1967 年出土的国家一级文物秦铜权、秦铜灯和先后出土的陶器、铜器、铁器、车马器看，该墓葬群有极高的文物价值，从上袁村窑沟坪自然村到南七村一带，埋藏着秦、汉等各朝代许多古墓，且墓中珍贵文物较多。

上袁秦汉墓葬中的 M1、M6、M7 三座墓葬，为秦统一至秦二世时期的秦贵族墓。墓葬中殉葬大量家畜；仅一个墓葬就出土铜戈、铁剑、铁刀、铁匕首、铁镞、铁钺等多种兵器。特别是铁镞，器身带抓刺，是在以往发掘的同时期兵器中很少见的。说明秦统一全国后，秦贵族在当地除了正常的生活、生产外，一直拥有一定规模的军事力量，管理着当地戎族。

2006 年，在陇城镇东 25 千米的桃源村马家塬，发现迄今等级最高的战国时期西戎贵族首领墓地，由 59 座墓葬和祭祀坑组成，面积约 2 万平方米；除随葬车辆、殉马外，大多车辆以髹漆、金银饰件、铜饰件以及料珠装饰车轮与车舆，极为豪华，显示了墓主人非同寻常的身份和等级。

2009—2010 年，在陇城镇西 13 千米的王家洼村，发现战国时期另一西戎部族的贵

桃源古墓遗址

金箔虎

王家洼战国墓出土的铜壶

战国西戎贵族墓群遗址

族墓地，共 30 座墓葬，面积 3600 平方米。王洼战国墓地出土许多珍贵的铜器、陶器、装饰品、容器等文物，其中车马器占绝大多数。这些具有很高鉴赏价值的艺术品，反映了战国时期当地戎族拥有大规模的车马器及高超的制作技艺。

庙会

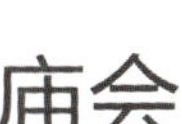

庙会作为民间流传的一种传统民俗活动，在陇城镇数千年的文化积淀中，有着诸神崇拜的意味。陇城历来有建庙、塑神、祭祀和盛办庙会的传统。

汉代，陇城镇曾建有女娲庙、白崖寺、东皋寺、无忧崖（西番寺）四大佛、道、儒合一的寺庙。

清乾隆以前，陇城镇的多处道观有庙会期，全为脱俗道士主祭。乾隆初年，因地震，龙泉山崩，水逼陇城，随之道场冷落，一些专业道士另赶山场，而当地的一些不脱俗的道教弟子（阴阳）则登场主持当地道教活动。

除四大道观寺院外，陇城镇还建有 3 处泰山庙，2 处太白庙，2 处关帝庙，1 处惠泽王庙。每逢会期或初一、十五，道士俗生击磬敲钟、念经奏乐、烧香叩头，从不间断。

民国时期，陇城镇的庙会场所达 40 多处。2017 年年底，陇城镇内有庙会 11 处，每年约定俗成举办庙会 13 次。仅城区就有“上九”“正月十五”“三月十九”“八月十五”“九月十三”庙会。此外，还有上袁村“三月二十八”、常营村“八月初三”、南七村、阴坡村、张沟村菜园庙会等。

陇城镇举办庙会多与物资交流活动结合在一起，庙会的举办地点多为“名山圣地”，庙会的内容主要是酬神演戏、求子占吉、祈祷还愿，但多数人逛庙会则是游玩散心、走亲访友、观其热闹。

西番寺庙会 陇城镇西番寺庙会，历史悠久，规模盛大，是千年古刹西番寺传统庙会。西番寺庙会包括正月初九（上九）玉皇大帝庙会、三月十九子孙宫庙会。

相传正月初九是玉皇大帝的诞辰之日。历年陇城镇西关、娲皇、龙泉三村的会长（庙会的工作人员）从正月初四开始，在西番寺举办大型庙会恭祝玉皇大帝诞辰。庙会是在总会长的领导下，由每户推荐一名有办会经验的人参加庙会期间的日常工作。庙会工作人员主要分为两大部分：一部分打扫庙堂、安置摆放祭祀贡器、炸馓子、负责寺院内烧香、击磬、引导烧香人员、发放福祉、接待远方香客贵宾和当地社火等。一部分为会期的演戏服务，其主要工作是邀请剧团，负责安排演员食宿，接送剧团戏箱，维护演出期间的会场秩序和燃放烟花等。“上九”庙会既是为了酬神，又是为了欢度新春佳节。

西番寺庙会中，极具地方特色的属每年农历三月十九的子孙宫庙会，是域内最大也是秦安县乃至天水地区最具民俗文化特色的盛会。

每逢会期，西番寺内举办隆重而庄严的朝圣道场。域内群众集资，邀请梨园弟子演出大型秦腔戏剧 6 天 6 夜。

“三月十九”庙会期间，数以万计的信男善女到西番寺登山朝拜。香客遍及周边县市，有的甚至来自陕、宁、新、豫等地。其时，临近村镇的群众相约结伴，来来往往、络绎不绝，参加庙会者可达数万人。

每年从农历二月的最后一天到三月十七为准备阶段。此阶段首日，由主祭阴阳师、道士在“地藏王洞”为南无幽冥教主地藏王菩萨诵经一天。相传，此日为地藏王菩萨的诞辰日，从此便拉开三月十九西番寺庙会序幕。三月初一开始破纸，作祭文，习卦书，写对联，扎彩门等。前期工作就绪后，准备开醮，醮为二十四份。首发文预请众天神到会，分享民间香火，观察国事民情，接纳民间上寿贡品，赐福降祥，祈保万民平安，国事通达，繁荣昌盛。

西番寺庙会

三月十八清早，主祭阴阳师、道士开始诵早课经文，在诸神位前敬香膜拜。早饭后，主祭师率众道士和办会会长，高举旗幡、奏乐、击鼓，脚踏罡斗步式，携一方百姓，前往镇中心的龙泉祈祷龙王神，迎取圣水超度。整条街道锣鼓喧天，唢呐齐鸣，旗幡招展，礼花绽放。乡民们聚集在街道两旁，观看迎取圣水的热闹场面。圣水迎回后，在西番寺设坛祭祀的每座庙内洒祭，俗称洒坛。洒坛毕，扬旗幡、挂榜、安彩。扬旗幡时，每杆旗幡由主祭阴阳师发请表文一道，阴阳师、道士齐诵《灵宝忏》经。《灵宝忏》经共十卷，开醮第一天诵一至四卷。晚上八时，开始召请亡人，备清水、沐浴梳子、毛巾、盆子、镜子、寒衣后，诵晚课经文以超度亡灵。十八日晚至十九日凌晨，是西番寺紫气东来之时，各殿堂尊像庄严，花团锦簇，贡品累累，香烟缭绕。此时，爆竹划破夜空，经韵充盈大殿，虔诚的人们通宵达旦地守护在庙里庙外，准备争上头香。当凌晨钟声敲响时，众香客蜂拥而上，得了头香的香客预示着这一年会有好运交汇，全家平安，万事如意，而办会人则彻夜不眠，为香客们发放福祉。

三月十九为正会。清晨时分，域内的善男信女及四方香客穿戴节日盛装，扶老携幼，手捧香表、鲜花及贡品，伴随着西番寺古朴清亮的钟磬声，蜂拥而至。香客们祈愿、祷告、还愿、问事、求子、游玩、领取馓子，整个西番寺从早到晚，熙熙攘攘，从山下到山顶，香烟氤氲缭绕，如云似雾。

午后，西番寺主祭师朝课发文，上表天尊教主，给多年修行、好学识高的弟子“搭衣”[①]。山下广场香表买卖不绝，各种娱乐性活动热闹非凡；街亭大道及陇城剧场四周帐

① 搭衣即出道，可单独行艺。

会戏演出

棚林立，人头攒动；各种小吃食摊摆放井然，叫卖声此起彼伏；书画名家挥毫泼墨，篮球比赛高潮迭起，秦腔演出精彩纷呈。

晚上，西番寺流光溢彩，主祭师诵《灵宝欃》经七、八卷，经声阵阵不绝于耳。迟来的信众依然络绎不绝，只是人流高潮已过。

二十日清晨，西番寺上再诵《灵宝欃》经九、十卷。为子孙圣母诵经上表文，给后土皇帝、诞会诸神和救苦天尊上疏文。经文诵毕，开始倒坛，诵《报恩经》。晚上施食，由主祭师宣告本年度子孙圣母庙会散醮。陇城剧场的庆贺演出持续，域内的人们也可乘此良机走亲访友、休闲、购物。

甘霖寺庙会 农历七月十二，是陇城方神大圣母的诞辰日，庙会期杀牲祭祀，已有千年历史。农历八月十五，是中秋佳节，陇城镇的娲皇、略阳、凤尾三村的村民，每年要在甘霖寺内举办盛大庙会，祭祀还愿。天一亮，陇城镇的民众在庙门前杀牲献神，供奉用梅花点缀的白面大馍馍，祭祀这位“有求必应”的方神，并将一年来曾向神灵祈求过的各种心愿在烧香、叩拜、纳香钱的过程中表达得更加虔诚。早上10时，前来烧香、还愿、朝会、经商、看戏的民众云集女娲广场，进进出出，把整个甘霖寺挤得水泄不通。此时庙内的磬声、唢呐声、礼炮声交织在一起，既悠扬又热烈。庙外商贩的叫卖声、秦腔演员的吼唱声、器乐的伴奏声既和谐又舒畅。

关帝庙会 每年农历九月十三，是陇城镇关帝庙会日。庙会由域内娲皇、西关、龙泉三村的关帝庙会理事主持。其时，村民们在城北门关帝庙祭祀关财神，祈求风调雨顺、五谷丰登，还演出4天4夜的会戏。

朝会

清乾隆时期，由山西、陕西商会和陇城镇地方商人联合集资唱大戏，敬财神，庙内香火旺盛。

清末及民国时期，关帝庙会甚是热闹，每年朝会者达万人。“大跃进”时期庙会一度停办。“文化大革命”时期，庙与戏楼全部毁坏。1975 年，陇城大队用拆除的旧木料，在原关帝庙址上重建了一座简易戏楼，每逢过年过节时唱大戏。1996 年，戏楼改造成庙宇，将每年农历九月十三日会戏移至陇城剧场。在会期间，演出大型古装戏曲 4 天 4 夜，资金仍沿袭明清旧俗，由当地商人等捐助。

常平堡庙会 为纪念保境护民的梁泽王严辉，每年农历八月初三日（严辉忌日）举办隆重的庙会。庙会由陇城镇常营村主办，周边 8 个村庄协办，庙会期间，常平堡张灯结彩，民众敬香祈愿，请大戏公演。

堡内有阴阳先生做道场，祈愿这位曾护佑一方的英雄，永保该地平安。此习俗沿袭至今已千余年。

泰山庙会　玄坛庙会　太白庙会 陇城镇宗教文化活动历史悠久。镇内有道教文化场所泰山庙 3 处，分布在上袁村、金泉村和张湾村。其中上袁村泰山庙坐西面东，依盘龙山之袁家坡而建，距陇城镇 2.5 千米。庙宇建制和庙会规模均为村级庙会中较大者。上袁村泰山庙会以每年农历三月二十八为正会，会期 4 天。节会期间，依据当地庙会习俗扎彩门、扬旗幡、请阴阳先生做道场；庙院内香烛、烟火昼夜不熄，祭祀献贡者不断，祈神还愿者不绝，鞭炮之声此起彼伏，不绝于耳，大戏连台。庙会期游览者摩肩接

泰山庙

踵，交易百货，饮食摊位遍及村道、会场，热闹非凡。

玄坛庙，又称北山寺。位于陇城镇北山 2.5 千米处的王湾村，是镇之北山及张家川县西北一带宗教祭祀活动的主要场所。

庙院为一座四合院式建构，占地面积约 500 平方米。庙内建有玄坛宫、胤嗣仙宫、圆通宝殿、幽冥地府、文昌阁、五圣宫、药王庙。正殿为玄坛宫，内奉“金龙如意正乙龙虎玄坛真君”，后世尊拜“武财神”。

相传农历三月十五为玄坛真君诞辰之日。届时村民为玄坛真君盛办大型庙会，众乡民供奉香火，顶礼膜拜，祈祀神灵，赐福降祥。会期，玄坛庙内旗幡招展，经韵袅袅，钟磬不绝，香烟缭绕，爆竹齐鸣；庙外演出秦腔戏剧 4 天，整个玄坛庙被裹挟在浓浓的节日氛围中。

镇内建有太白庙 2 处。一处位于南七沟石堡山下，又名陇南寺。庙宇恢宏，为南七周围数十个村宗教祭祀活动的重要场所。清光绪三年（1877），建太白庙戏楼。“文化大革命”时期，陇南寺被毁。戏楼因年久失修，20 世纪 80 年代，拆除重建，改名为陇南舞台。其间，当地民众集资重建太白庙，庙宇坐东面西，殿宇三间。场地较为开阔，建钟、鼓楼各一座。每年举办庙会，演出戏曲一台。另一处位于阴坡村。阴坡村主要宗教活动有太白庙会。当地太白庙，一说为太白金星而建，另一说为纪念李白而建。早期规模较大，建有上殿、偏殿，塑像精美，后被毁坏。后重建，每年秋末冬初，演会戏一台，会期 4 天，以庆丰娱神、焚香还愿、祈祀佑民。

书法绘画

书法 明清时期，陇城有李振烈、彭绳祖、张锦、李谦、彭嗣宣、张铭堂、李凌云、周登善、高爵、王运乾、安炳焜、王作敬、吕克诚、李毓昇、李蕴珍、刘建业、赵肯堂、傅作相、张仰贤等人擅长书法。其中，进士彭绳祖的书法最有成就，书体厚重大方，宗法二王，行楷俱佳。今存行书六条屏、中堂，楷书对联等，笔力丰满，意蕴深厚，笔性灵动婉转，笔法凝练自如，整体章法意趣雅致，天然成趣，有精研古拙之特色。彭绳祖之孙彭绵宣的书法作品，笔法隽秀飘逸、刚健质朴、苍劲有力、落款洒脱，书法多见于牌匾、中堂、对联和四条屏。

彭绳祖书　　彭绵宣书　　李振烈书

王运乾书

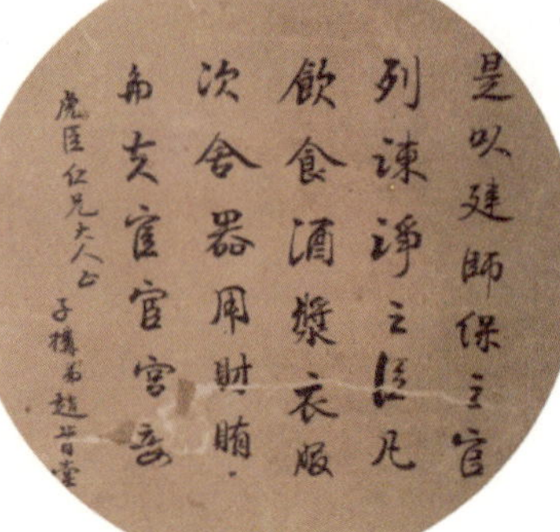

赵肯堂书

周登善书

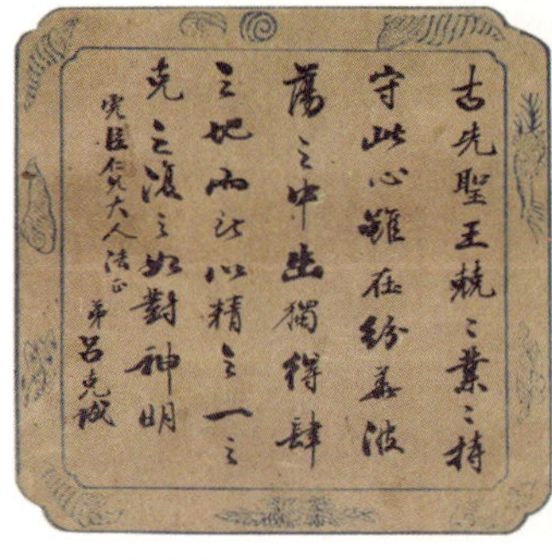

吕克诚书

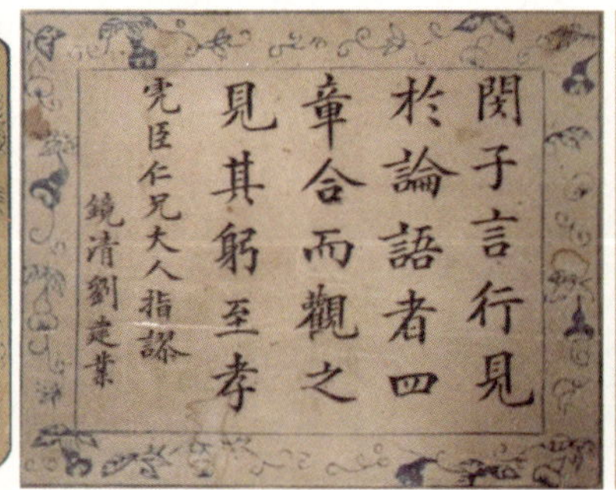

刘建业书

王运乾书

高爵书

张之亮书

张殿元书

贺千秋书　　唐维翰书

刘俭书

風來花自舞
春入鳥能言

杨荣海书

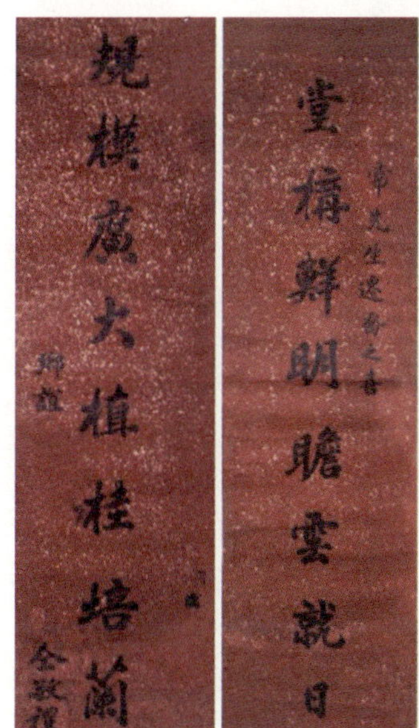

张养贤书

山不在高有仙则名水不在深有龍则靈斯是陋室唯吾德馨苔痕上堦綠草色入簾青談笑有鴻儒往來無白丁可以调素琴閱金經無丝竹之亂耳無案牘之勞形南陽諸葛廬西蜀子雲亭孔子云何陋之有 劉禹錫《陋室銘》

辛巳年中秋 杨荣典書

杨荣典书

绘画 清代陇城有赵传伦、赵清谟、赵雪堂、李从简、邵维翰、常锐、杨泰等人擅长绘画。最具成就者为赵传伦，其画风吸取南北方之长，自成一家，尤以山水、花鸟、动物画著名。代表作《黑驴图》典雅简练、意境高远，笔墨生动传神，用笔轻松自如，点染有致，意趣横生。其子赵清谟一生钟情于山水画，其画点擦皴染，墨色灵动、高古、典雅，笔端显现山的厚重、水的渊渟、景的别致，尽显明清山水画风。赵雪堂的代表作《天官图》线条流畅，用笔典雅丰富、气韵生动、着色淡雅、构图自然。

赵传伦作品《黑驴图》

赵清谟作品

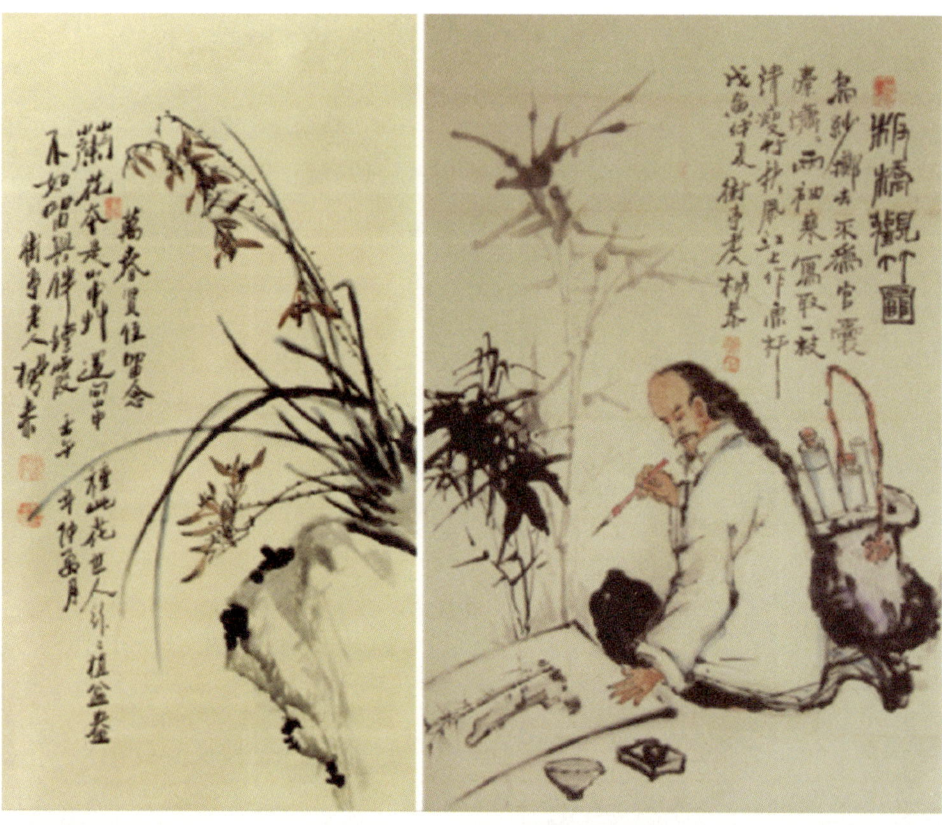

杨泰作品　　　　杨泰作品《板桥观竹图》

常锐作品《群鸭戏水图》

范可有作品《山水图》

赵雪堂作品《天官图》

邵维翰作品《春鸭戏水图》

李从简作品

社团组织

娲皇故里书画院 1997年，由退休教师冯兆岐等联络清水河流域的陇城、五营、莲花、龙山、大阳、马关等地的书画爱好者组织成立街亭书画社，发展社员100多名，练书法、学绘画。每年利用当地三月十九庙会举办大型社员书画展。

2008年，书画社更名，注册为娲皇故里书画院。会员增至213名，并发展到周边各县。除每年举办大型书画展外，2014年10月，在秦安县文庙举办了“中国梦·娲乡情”书画展。

甘肃诗书画联谊会街亭活动中心 2005年成立，有会员185名，是甘肃诗书画联谊会设在天水地区的基层组织。平时除组织会员在当地开展群众性诗文、书画交流活动外，还与原街亭书画社、娲皇故里书画院联合举办大型书画展，每年国庆期间组织会员进省城参加甘肃省书画联谊会举办的庆国庆书画大展和书画研讨会，与全省名家频繁交流，结集出版优秀书画作品。

戏曲　社火

戏曲　陇城的戏曲主要有秦腔、眉户、影子戏、小曲等。

明万历后，秦腔传入陇城，属西秦腔，到清乾隆、嘉庆时期兴盛，光绪时更加繁荣，成为当地庙会、节会必演剧种。清末和民国时期，陇城每年约定俗成的会戏达16场。造就了一批又一批优秀演员，如著名的“赵遂班”在当时享誉陇东南和陕南，常被官府衙门邀请演出。从晚清、民国到中华人民共和国成立初，陇城有村社戏班13家。1953—1958年，陇城区、社组建文工团。1962—1975年，陇城先后组建区、社业余剧团，以现代剧为主，主演剧种有秦腔、眉户。

眉户出自陕西眉、户两县，清代传入陇城，与秦腔相比属小剧种，易于普及，多在村社演出，著名演员张贤贤、高迎喜以演出《华亭相会》扬名乡里，当地人用戏剧人物张梅英、高文举取代二人真实姓名。

影子戏主要有皮影，其乡土气息浓厚，流行于各村各庄，每年冬季均唱影子戏以敬庄神。

皮影

戏曲演出

小曲从清朝中期到民国时期盛行陇城，其演唱分为台演和地乐班两种形式。民国时期的陇城小曲曲调悠扬，婉转悦耳，名扬清水河流域，波及清水、秦安、庄浪等县。每逢节庆及农闲期间，小曲演唱者一不化妆，二不设台，只有一把三弦、一对铜摔子、几条长凳子，就地弹唱，弦曲清脆，唱腔温婉。听唱者围成一圈，兴味盎然，深受乡亲们喜爱。“文化大革命”时期，小曲在当地逐渐消沉。“文化大革命”后，党和政府对地方文化遗产的挖掘十分重视，由公社组织人员对当地小曲进行搜集整理。1977 年，陇城小曲《科学种田》在秦安县文艺会演获奖。21 世纪以后，国家加大对地方非物质文化遗产的抢救和保护力度。2008 年，镇政府组织一批熟悉小曲的民间艺人，经过填词、记谱、排练，完成陇城小曲《喜看陇城绽新颜》，并在秦安县纪念改革开放30周年《辉煌历程》大型文艺节目会演中荣获三等奖。

社火

也称故事。陇城地区社火是一种民间非专业人员扮演的文艺活动。社火多在每年春节期间演出，以一村一庄为单位，形式主要有春牛、马故事、高抬、高跷、高杆、舞龙狮、跑旱船等。每一出社火演出都以锣鼓钹乐开道，气氛热烈、场面宏大壮观。

春牛 是一种阵容庞大的社火体裁。演出内容为“七十二行”，每行一折，一折少则二至三人，多到七至八人，上到县官，下至乞丐。凡演出者均要化妆，且排练有一定顺序，一台春牛社火需要 400 多人参与，仅化妆演出人员就多达 200 人。一般村社很难完成，凡演出者均为千人以上的村社，由社头组织，投入大量人力物力。1940 年，镇内马关乡的春牛于正月初八立春日在西番寺玉皇大帝庙会期间演出。第一折为“牛耕地”，选一头膘肥体壮的犍牛披红插花打扮醒目，由一小童牵牛，一农夫扶犁，一农妇撒种，意为“七十二行”农业为上，春天到了，开始春耕。其后为工、商、学、兵等依次排列。最后为“县官断案”，一县官坐在轿子内由四个衙役抬着，并有一书吏、一班头伴随，又有一扮演百姓的演员不时在前拦轿喊冤告状。

马社火 又称马故事，是一种没有语言的骑乘作势的表演艺术，通常在春节期间演出，以马、骡、毛驴或牛为坐骑，只在白天演出。多以《封神演义》《三国演义》《隋唐演义》及民间故事等为题材，演出规模的大小以坐骑的多少而定，一般为 10 ~ 20 人，每人一骑、每骑一折。扮演者按剧中人物的性格勾画不同的脸谱，身着不同的古装服饰，手握不同道具。将坐骑用彩布打扮得花团锦簇。出场时先由社旗、锣鼓钹乐开道，当地民众簇拥，依次绕村，上街游行演出，每到一村一街、一商铺，都以鸣炮、抛红、赠赏钱和财物给予支持。马社火的演出能体现该村该社的经济实力和文化素养。其阵容的大小、牲口的多少以及人的精神面貌都展示在社火演出过程中。如乱谷堆村马社火多以《封神演义》为题材，纸花装饰独具匠心；西关村的马社火以骡马膘肥体壮、服饰新颖和庞大阵容独占鳌头；金泉村的脸谱能准确体现人物个性特点。

马社火

高抬

高抬 俗称亭子。高抬也是一种没有语言的表演艺术。兴起于明代，发展于清代，盛行于民国及 20 世纪 60 年代，传承至今。多以“丁”字和“人”字形构造。亮点是看“出手”是否玄妙惊险。骨架由钢筋焊接，一般为两层或三层，底层用铁芯下穿厚木桌固定。由一孩童站、坐于桌上，向上通过服饰从袖口出手托起二层人物凌空展出。二层人物站在树枝、花

高跷

叶、棍端或刀尖上表演动作。内容多为神话故事或民间传说，如孙悟空盗扇、水淹金山寺、天仙配、赵云保太子等，男童、女童装扮成戏剧人物，且男下女上，惊险、玄妙、优美。

高跷 亦称高拐子。陇城的高跷历史悠久，盛行于清末，传承至今。扮演者多为男性青壮年。高跷高约 1.5 ~ 2 米，上粗下细，踩跷人将双脚固定在跷档上，双腿固定于跷上部，身穿戏服，面画脸谱，手握道具，多扮演戏剧故事人物或神话人物，如三英战吕布、唐僧取经、白蛇传、刘成打妖婆等。在锣鼓钹乐的节奏中，边舞边走。远望如巨人行进于人海之中，十分醒目。演出人数由内容而定。技艺高的演员，时而跨步疾走，时而双腿旋转，舞姿形态无一定要求，由自己现场发挥，动作惊险，表演滑稽。王李村、王湾村高跷技艺出众，常参与市县春节调演。

刺绣 雕塑

刺绣 刺绣在陇城镇亦称“做针线”。旧时，女子出嫁都要靠针线手艺显示自己心灵手巧。因此，多数陇城镇女子婚前就掌握刺绣技艺。

陇城镇传统的刺绣品种有条屏、寿幛、帐帷、门帘、椅垫、炕围、烟袋、针扎、

刺绣门帘

刺绣肚兜

荷包、肚兜、手帕、枕巾、鞋头、鞋帮、袜垫、袖口、枕套、绣单、桌裙、衣襟边、袜后跟等。刺绣中的图案，题材广泛，内容丰富，在当地被称为“样子”。以吉祥民俗为题材的有“喜庆吉祥”“麒麟送子”“梅鹿送子”“繁花似锦”“福禄寿喜”“三寸金莲”“喜鹊探梅”“五福图”等；以动物为题材的有凤凰、蝴蝶、鸳鸯、虎、鹿、鱼、天鹅、仙鹤等；以植物为题材的有莲花、牡丹、兰花、百合、牵牛、竹叶、水草、松树等。

陇城镇的刺绣技法甚是讲究，针法有平针绣、滚针绣、托针绣、错针绣、跳针绣、锁绣等。掌握了刺绣技法的妇女们按照描画好的图样，选配适宜的彩色丝线，在布帛上绣出各种人物、花卉、虫鸟等图案。用刺绣技艺制成的小儿鞋帽、婚嫁服饰、肚兜、针扎、荷包等都是年岁节俗的生活用品，也可作为精美礼品馈赠亲友。陇城镇凤尾村聂友仁家藏有明代丝绸绣“福禄寿”中堂一幅，龙泉村高新峰家藏有清代丝绸刺绣桌裙一幅，都是民间刺绣珍品。

随着人民生活水平的提高，陇城镇刺绣工艺有了迅速的发展，题材、花样和艺术技巧更加丰富多彩，应用范围也更加广泛，窗帘、床罩、沙发罩、电器外套等也刺字绣花。随着刺绣工具的改进，传统手工绣已被机绣代替。

雕塑 是造型艺术的一种。陇城镇的雕塑主要有雕刻和泥塑两种，旧时多见于寺庙及富户人家的房屋建筑。

雕刻在陇城镇主要有砖雕、石雕、木雕、根雕等。当地寺庙山门、石狮、护栏等大量采用石雕，多以浮雕为主。遗留的古建筑石雕风格古朴，复修建筑石雕手法细腻圆润。

西番寺砖雕

砖雕大量用于庙宇、民居大门、照壁、墙面，有阴刻、深浮雕、浅浮雕、镂雕、圆雕多种形式。传统木雕讲究布局，散而不松，繁而不乱，平整协调。一般选用木质细密坚韧，不易变形的树木为材料；根雕则采用自然形态的树根雕刻。木雕有圆雕、浮雕、镂雕或几种技法并用，有的还涂色施彩用以保护木质和美化。

陇城镇雕刻艺人层出不穷，木雕工匠主要有陇城镇凤尾村的邵长友、赵仓珍，常营村的常水茂、雒聚生；根雕工匠主要有凤尾村的杨紫照。许墩村李仲奎的砖雕遍及西番寺庙宇及当地农户的大门檐头。

剪纸　草编

剪纸　是陇城镇传统民间艺术。一般用于逢年过节、婚嫁祝寿、庆贺乔迁之时对屋舍的装饰。剪纸形式多样、题材新颖、内容丰富，主要有飞禽走兽、花草鱼虫、瓜果蔬菜、云龙树木、花瓶器物、吉词祝词、人物故事、历史传说等。如表示“吉庆如意”的纹样，就由鸡、磬、如意组成；表示“多子多福”的纹样，则由莲花、石榴、葡萄等组成。若逢婚嫁、祝寿、丰收之期，则以“囍”“寿”“丰”图案及有象征寓意的动植物图案为主。特别是新婚剪“囍”“花好月圆”等繁花簇拥的大红双喜图样；龟龄鹤寿剪“福、寿、松、鹤”图样；祈祷类剪纸主要用于做醮、道场、丧事等活动。

陇城镇广为流行的剪纸有“龙凤吉祥”“五福临门”“喜上梅梢”“鸳鸯戏水”“锦鸡戏牡丹”“麒麟送子”“三阳开泰”“福禄长寿”等。剪纸又分为窗花、贴花、花灯、节日门挂等几类。

剪纸作品

贴花是用各种彩色剪纸剪制成各种图案贴在墙壁之上。如过春节时，用黄色剪纸剪制成祥云图案，吊在院内树枝上、门楣两边的木墩上、门联横额上端等处，叫“节日门挂”。农家的庄院屋舍，差不多在窗户、墙壁上都能见到色彩斑斓、精美别致的剪纸。

陇城镇剪纸开门见山，单刀直入，具有简洁明了、淳朴自然的艺术风格。20 世纪 60 年代，陇城镇著名的剪纸艺人有凤尾村的甘龙儿。

草编 陇城镇的草编主要以草、柳、竹编为主，制品为草帽、竹席、筐罨、料笼、麦篙等，以草帽为主。草帽直径二尺许，用细白的麦秸经过选料、分类、浸泡、掐辫、整理、缝制、碾压、磺熏等工序制成。草编除自用外，多为销售。

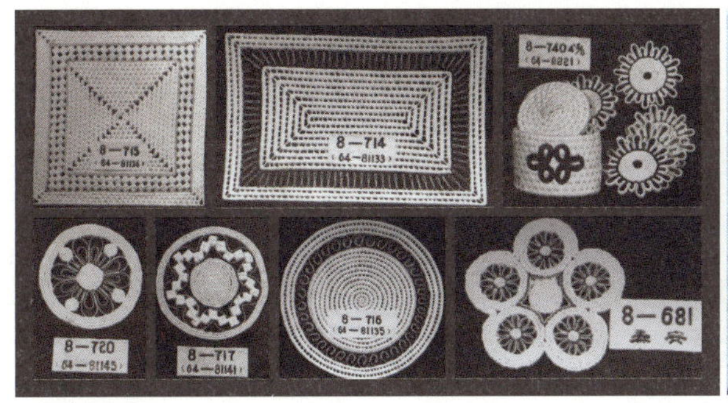

草编作品

草编茶垫

1974 年，陇城镇开始生产各种用于出口的草制工艺品，主要以小麦秸秆、玉米包皮为原料，经过多道工序处理后，再编成光滑的辫型花条，而后编制成各种实用物品。编制的草编工艺品有各式提篮、坐垫、靠背、茶垫、餐具垫等 20 多个系列、100 多个品种。

1979 年，实行家庭联产承包责任制后，各家剩余劳动力相应增多，为草编生产的发展创造了更为有利的条件。陇城镇从事草编的家庭在 80% 以上，男女老少在闲暇时均从事编制，成为农家致富的一项主要家庭副业。陇城镇草编以加工精细、设计灵巧、图案美观、质地柔软出名。产品由当地草编厂收购，经县工艺编织厂出口，远销日本、美国、英国等 30 多个国家和地区。

20 世纪 90 年代，因市场变化，从事草编生产的群众逐年减少。

马尾荷包

陇城镇民风淳朴，有独特的地域文化，马尾荷包是这座古镇上绽放的一朵奇葩。

传说 相传，街亭大战之前，一名蜀军士兵在山下泉水边饮马时忘带饮水器具，就向当地打水的村姑相借，之后为表谢意，就割了一绺马尾相赠。村姑回家后，将马尾编织在荷包外面准备送给士兵。后来战事爆发，姑娘再也没有见到士兵，但她始终佩戴着包裹了马尾的荷包在泉水边苦苦等候。此后，马尾荷包就在陇城及周边流行，每年端午节，当地小孩及青年男女都会系花线、戴荷包。

造型特征 陇城镇马尾荷包造型各异，通常有花鸟鱼虫、十二生肖、植物种子、胖娃娃和器皿等形状。最有特色的就是瓶型荷包，与大地湾出土的人头型器口彩陶瓶形制相似。在外形上正是沿袭了它圆润、流畅的线条。“瓶”谐音“平”，意为“平安”。在千年的流传中，用马尾编“瓶”，虽然材料和编织工艺发生了较大的变化，但形状不变，寓意不变。而娃娃造型的荷包，则反映了人丁兴旺、多子多福的愿望。

制作工序 陇城镇马尾荷包制作工艺精巧，制作过程讲究。一是制胎。先选好彩色

马尾荷包

绸缎或布料，再构思好所制荷包的样本，在绸缎或布料缝制的包胎里填充艾草、冰片、香草、麝香、柏枝、柏籽等药草，缝住封口，叫制胎。 二是挽套子。将马尾置于汤锅之中煎煮使其更具韧性，一根马尾可分撕成四至八根细丝，再用钩针在制好的胎上挽上各种图案，有的如蜘蛛撒网，有的如散点梅花，有的像星罗棋布的天体银河，有的似昆虫的翅膀，点线交织，泾渭分明。三是系穗子。马尾荷包的穗子有单穗、双穗和四穗之分，多为四穗式。四穗式是先将丝线按不同颜色分别选好四种，整成小束，串上水银或玛瑙珠子，挽结、剪齐后系在荷包的封口两端，缝上系子，就会显得如实物一样活灵活现，鲜艳夺目。此时，包胎、网套、穗子浑然一体，各种纹饰精致别样，图案生动有趣，内盛香料，清香四溢。佩戴在身上有驱虫醒脑、祛病辟邪的功效。

陇城镇马尾荷包除了佩戴、收藏外，还作为礼品贻赠友人。天水市伏羲公祭期间，马尾荷包曾被天水市群艺馆收购展出。每逢端午节来临，当地技艺精巧的妇女将自制的马尾荷包拿到集市作为商品销售，有的通过馈赠亲友将其传遍祖国各地。

风茔

风土风情

陇城悠久的历史，孕育了浓厚纯朴的风土人情，形成了独具特色的地域文化。

宴席小吃、生活习俗，民间礼俗是千百年来古镇人顺应劳动生产的需要，逐步发展、创造而成的。这些都体现了古镇人民乐善好施，尚廉耻、重礼仪的风土风情，表达了古镇人民祈福纳祥，追求美好生活的愿望。

宴席 小吃

宴席

陇城镇的传统宴席有碗儿菜（膘碗子）、花饭、四盘子、八碟子、十碗饭、两道饭、十三花等。遇红白喜事或祝贺之举，备以宴客。乡间多用碗儿菜、花饭、四盘子、八碟子，镇区则有两道饭、十碗饭、十三花等。

碗儿菜 一碗盛有蔬菜、豆腐、粉条、烧肉块等带汤的菜。坐席时，通常置八仙桌一张，入席者为八人，圆桌为十人。先上小凉菜八碟，饮酒后，再为坐席者每人盛上一碗碗儿菜，另上馒头数盘。

花饭 除与碗儿菜在配菜烹饪上相同外，另在碗内多添两块酥肉和两个丸子的菜

宴席

肴，带馍。

四盘子 在小宴席上最为常见。一桌共上四大盘菜，一盘炒肉、一盘炒鸡蛋、一盘豆腐、一盘炒鲜蔬菜，带馍两碟。

八碟子 又叫八道菜，是办婚事最为常见的宴席。开席饮酒时先上10个小凉菜，其中必须有两个干果碟子。当饮酒结束时，将八碟热菜一齐盛上，称“八碟子”，主要有红烧肉、蒜薹炒肉片、辣子炒瘦肉、红烧猪肘蹄、韭菜炒鸡蛋、糖醋里脊、炒豆腐、炒青菜。

十碗饭 该地最为讲究的宴席之一。在主食未上之前，先上10个饮酒的小凉菜，凉菜中必须有一碟猪头肉片、一碟猪耳薄丝、一碟猪肝、一碟牛肉、一碟花生米、一碟蜜汁甜枣，在四角加摆红黄胡萝卜丝、绿色蔬菜、白色粉皮。十碗饭为红烧肉、白炖肉、酥肉、丸子、清炖全鸡、红烧鱼、炒腰花、炒里脊、炒豆腐、炒粉丝，另加一盆酸辣肚丝汤。

两道饭 与十碗饭相似，不同的是多一道白米饭和四道小吃汤。

十三花 陇城镇从古到今，一些达官贵人和富商在祝寿或为其父母三周年忌日之期，举办的特大宴席。其主菜和凉菜基本上和十碗饭、两道饭相似，但不同的是在主菜中增添了鱿鱼、海参、燕窝三道贵重菜品，而小吃则达8道之多。

小吃

凉粉糊儿 是陇城镇一种地道的特色小吃。因其头大尾尖形似小鱼儿，俗称“滴鱼儿”，亦称“面鱼儿”“凉糊儿”。

凉粉糊儿

凉粉糊儿的制作讲究，通常用精细玉米面粉制作，面粉有白玉米和黄玉米粉。首道制作工序与馓饭相似，其次将漏盆架在盛有凉水的罐口，罐内的凉水用来对凉粉糊儿降温、定型。将散好的馓饭趁热用勺子盛到漏盆内，一手稳漏盆，另一手拿勺子在漏盆内搅动挤压，此时凉粉糊儿就会顺着漏盆底上的小圆孔自然向下滴入水中。如此反复，直至锅中馓饭殆尽。

凉粉糊儿的吃法可浇汤食用。制汤时先炝好醋或者浆水，依各人口味，可调入不同的佐料，备好蒜泥，油泼辣子等，也可炒一些小菜。汤制好后，用漏勺将凉粉糊儿从凉水中捞起，滤水约二三分钟后，盛入碗中，再浇上配置好的酸汤，即可食用。

锅盔 是陕甘青宁地区流传已久的民间小吃。相传源于外婆给外孙贺弥月赠送的礼品，后来发展成为一种地方风味的便食。陇城镇锅盔形如满月，厚约5厘米，直径约40厘米，重量有500克、1000克不等。陇城锅盔白中泛黄，外干内酥，入口耐嚼，口感醇香。由于在制作过程中揉入了大量的干面，加之双面炙烤，耐储存，不易变质，适于长途携带，是出门旅行和居家享用的方便食品。

锅盔

陇城锅盔素以“黄、干、白、酥、香”著称。其制作工艺讲究，选精制小麦粉加入一定比例的碱水，反复揉压，同时加入大量的干面，直至面团被揉压成有丝绸般质感，方可切成2～3千克的面剂子，经反复揉压，使其更加光亮滑润柔软，然后加入胡椒粉、苦豆粉、姜黄、清油等佐料，再擀制成厚且大的满月形面饼，在面饼表面精心浮压出各式花纹，有环纹、网纹、鱼纹等，尤以八卦图纹最为盛行。之后在鏊锅表面涂上清油，可上鏊烙烤。这种鏊锅有上下两层，在最底层的炭火上置一鏊面，这层鏊面上又是一层炭火，最上面又有一层鏊面。开始时把擀压好的面饼放在最上面的鏊面上，当面饼两面烤出了颜色和花纹时，再放入下面一层鏊面烘烤，新擀压好的面饼又放入最上面的鏊面。这样，两个鏊面都得到充分利用。上下两面都是炭火，受热均匀，烤出的锅盔颜色斑黄光亮，水分少，切口砂白，香味醇厚、酥脆，有嚼劲。

还有鸡蛋锅盔，和面时加入鸡蛋，烤出的锅盔另有一番滋味。

陇城锅子 在陇城镇众多的美食中，有种传承久远的佳肴——暖锅，俗称“锅子”。锅子也是一种砂制食器，由火筒、锅膛、底座、火眼和锅盖组成。每逢年关，当地人多食锅子，并以锅子招待宾客。

陇城锅子讲究各种食材烩杂，荤素搭配完美。制作锅子时，先将备好的肉类提前过油做熟。肉类以排骨、红烧肉、五花肉、酥肉、丸子为主。其次，将各种菜品入锅。先放入素菜，再放入荤菜。菜类以萝卜、蘑菇、青菜、海带、粉条、豆腐为主。放菜时依次将准备好的

陇城锅子

各种菜分层置于锅中，并在最上层加入蒜片，撒葱花、蒜苗丝、辣椒丝等用以点缀和提味。再次，调制好各种调料，与鸡汤一同灌入锅中。最后，放炭火于火筒之中，盖上锅盖慢慢煎煮。入锅后的各种食材渐渐升温，香味互相渗透，待热气腾腾时，即可掀起锅盖享用。

锅子已成为当地人冬季或逢年过节时最喜爱的美食之一。

搅团 是陇城镇一款可口的地方特色小吃。根据用料不同，可分为高粱面搅团和玉米面搅团。现在以玉米面搅团最为常见。

搅团的做法与馓饭的做法基本相同，但其吃法与馓饭不同。吃搅团时，先要制作好蘸水，蘸水多以酸汤为主。酸汤是陇城镇的一种特色菜食，其味酸爽可口。先在锅内加入些许清水烧开，然后下入土豆丝、地软、胡萝卜丝、野菜等，用文火煎煮，待菜熟后，调入食醋、精盐、味精、油泼辣子等做成的蘸水与搅团一同食用。

搅团的吃法最为普遍的是先盛多半碗油泼辣子酸菜汤，再另盛一大碟搅团，趁热用筷子夹一团色泽黄亮的搅团，放入香味浓郁的酸汤里。一边吃着光滑绵润的搅团，一边喝酸辣味美的菜汤。

清汤面 陇城镇清汤面是一道别具地方特色的面食小吃。早在清代就有如此记载："长面一碗，银丝一盘，浇以清汤，浮而不乱。"清汤面以优质小麦粉为原料，先将面粉和适量的碱水均匀地搅拌成细面丝，然后举双手之力，反复揉压使其水分逐渐减少，直至表面光滑细腻且不粘手为宜。此时将面团置于案板，用碗或盆罩住，待面醒后，即用擀面杖反复推擀到薄如纸，圆如月，提到半空，能透光亮即可。通常一张面直径可达一米左右。为了让面条的韧性更好，在地面铺上干净的布料，将擀好的面张开稍晾，而后置于案板折叠，用快刀切成细如丝或宽如韭叶的长条。曾有评语："煮在锅里团团颤，捞在碗里莲花转，筷子挑起条条线，送进嘴里吸不断。"

清汤面

陇城镇清汤面主要有两种。一是浆水清汤面。浆水又有白菜、苦苣、芹菜浆水等不同种类。其中尤以芹菜浆水配汤最佳。在锅里滴入适量的清油加热，放入葱、韭或蒜苗、干辣子丝烧炝后，将少许的浆水倒入，稍作煎煮，然后加入水、食盐等佐料，这叫炝浆水，也叫炝汤。待面熟汤成后，先在碗里盛入三分之二的酸汤，再捞入少许面条，然后再撒入少许葱花丝、香菜，滴上辣椒油。这样的一碗清汤面，上看绿叶红花，点缀在银丝细面之上，色彩艳丽。当吃到嘴里时，香味四溢，美不胜言。二是臊子清汤面。陇城镇的臊子清汤面堪称当地一绝。臊子清汤面贵在臊子汤的配制。臊子汤的制作十分讲究，所用原料有鲜生肉、红萝卜、豆腐、黄花、木耳、海带丝等。制汤时，先将鲜生肉、胡萝卜、豆腐切成半厘米大小的方形颗粒，待食油入锅烧沸后，倒入干辣子丝翻搅，然后将备好的生肉等食料依次入锅，加入姜粉、花椒、大香、料酒等佐料煎至半熟，倒入些许酱油或糖汁，再加入三四成水，此时添入适量炝好的香醋、食盐等煮沸后，撒入葱花、香菜等叫作做汤。吃面时先捞取少许面条，将臊子汤浇在面上，汤色鲜艳、浓香扑鼻。一碗臊子清汤面多则一筷头，少则一大口，享用时用筷子搅动。这种臊子清汤面，酸中透香，面滑味浓。因此，陇城镇常有“吃了八碗十碗都不算，等到饱时一盆半”的说法。另有民谣曰：“陕甘两省转一转，香不过陇城的臊子清汤面。”

陇城镇的清汤面以筋道、光滑、清爽、酸辣、鲜香闻名。

馓子 西北地区都有吃馓子的习惯。馓子是一种油炸食品，陇城镇每逢节庆庙会都有领馓子、吃馓子的习俗，尤以西番寺庙会、女娲祠庙会最为隆重。馓子不仅为节日点缀了气氛，而且承载着人们无比美好的祈愿。陇城镇领馓子、吃馓子被赋予了一种特殊的意蕴，该地人认为领吃了庙会期间的馓子，便会给全家人带来好运。民间另有一种说法，相传馓子即“散子”，吃庙会期间的馓子是善男信女们祈求生得贵子的一种美好夙愿。陇城镇的馓子以酥、脆、细、匀、黄为主要特点。

馓子

陇城馓子多以优质小麦粉为主料，首先将面粉置于盆内，加入适量的温水（天热可用凉水），同时可加入鸡蛋，将其搅拌均匀，然后用力将面揉压成柔软光滑有筋道的面团，并覆盖上干净的湿布料。待面醒后，将面团切成适当大小的块状，并在面团表面涂上一层清油，用手搓成筷子粗细的长条，从头到尾搓成一根，将面条的一头夹在左手的虎口处，另一手拿面条往左手并排伸出的 4 个手指上缠绕 20 圈左右，一边缠绕一边慢慢拉细。待面条绕尽时，取一双筷子，撑在缠好的面条圈套内，用力向外慢拉至 30 厘米左右，立即投入热油锅中，定型后便抽掉筷子，在油锅中炸至两面成金黄色即可捞出。

甜醅　是陇城镇的特色小吃之一，多用莜麦、小麦加工而成。有民谣曰：“甜醅甜，老人娃娃口水咽，一碗两碗能开胃，三碗四碗顶顿饭。”甜醅具有醇香、清凉、汁浓、甘甜的特点。

甜醅

甜醅，多选取优质莜麦为原料。先将精选的莜麦去皮簸干净，用清水冲洗杂质，然后放入锅中烹煮，当莜麦表皮开口时，出锅降温，加入适量的甜醅糀头，均匀搅拌后，洒入适量的凉白开水，最后装入盆内封上口。夏季常置于灶台上，冬季多置于火炉旁或热炕上，并用干净的棉布覆盖，温度要保持在 20℃以上，经过两天左右的发酵，便可食用。当开启封口时，醇香扑鼻，颗粒晶莹嫩白，入口甘甜绵软、汁浓，食后满口余香，沁人心脾。

土特产

手工醋

陇城镇有酿醋的传统习俗，家家户户都酿醋，街市上又有醋食品出售。陇城镇手工醋所用主要原料有高粱、小麦、玉米、麦麸、黄豆、中草药、糀子等。制醋有捏糀子、煮醋头、发酵、过滤四道工序。

捏糀子　一要选好糀子料，二要选好捏糀时间，三要细致操作，四要严格保管。糀子有小糀和大糀之分。捏小糀所用糀料主要是醋霉菌、黄米粉。醋霉菌是将前一年的醪

手工醋

糟（醋粕子）留出一些，晒干封存，待到下一次和糜子米粉加水煮熟发酵后，团成小丸子，在强光下晒干，再贮存在阴凉干燥处。而大粬的制作除用一定比例的醋霉菌外，还要加配一定数量的中草药或中草药渣，先在锅里加水熬煎，再倒入麦麸用温火烘煮，直烘至散去大量水分，从锅里挖出，在案板上稍凉，待温度到35℃左右，再用器皿压装，盛入筐箩，用麦草捂盖封包，放在干燥处发酵7天，待阴干后揭去麦草，再在太阳下烘晒，直晒到散去全部水分后封存保管。无论小粬大粬，捏粬必须在高温少雨的盛夏伏天，若遇到雨天，则粬子质量会受严重影响，甚至还会被虫蛀。

煮醋头 是酿醋的第二道工序。时间多为每年的秋分前后。醋头选料，多为小麦、谷子、高粱、豆类等小颗粒粮食，还要加配一些粉碎成粒状的玉米糁子、黄豆，在锅里煮成稀饭状待熟后，按比例配入小粬和大粬，趁热投入瓷缸里封口发酵。发酵期要经常观察，隔三两日搅动一次，防止溢出缸外或发酵不匀，要搅到醋头糁子全部沉淀不再翻腾为止。一缸发酵好的醋头，一般需要两个月时间。

搅拌发酵 从每年立冬之后的第二个节气小雪开始。所用醋料以麦麸为主，再煮与醋头同样的稀糁子饭，带热连同醋头一同搅拌成握手成块、伸手自散的醋胚子，严密装在专用的醋槽或竹筐箩里，移放在火炕上慢慢再发酵，火炕的温度要保持在35℃～40℃，过高则会产生烧糟，过低则影响发酵。在发酵期，起初不搅，到醋胚子发热后，要每隔两三日从上到下来回翻搅一次，约10天后，要根据醋胚颜色尝其醋胚的味道，实施“喂饭”工序。喂饭用料与醋头料相似，若颜色白而黄，不上味，必定是缺乏某种营养或温度未赶上，喂饭时多加小麦、高粱、黄豆、黑豆等。颜色过早发红带黑，必定粬子质量不好或比例不当，在喂饭时应适当增加谷子、玉米、黄豆和适

量中药甘草。就这样每隔两三天搅拌一次，每隔四五天喂饭一次，一直搅拌一个月左右，醋就基本成熟了。熟好的醋胚子，颜色多黑红色，其醋分子在入缸之前早就香味四溢。

搭醋 待醋拌好后，一般要等到数九天才搭，常言说“无冰不搭醋，无九不入缸”。实践证明，节气进入隆冬，用水来泡醋不易变质，耐贮存，不加防腐剂也能贮存三五年。搭醋时要将醋胚投入醋缸里，醋缸底部带有凿眼且插一竹筒，再加入凉开水浸泡一夜。翌日，醋从竹筒口流出，叫搭醋。质量好的头茬醋多带汁。

香醋的技艺多掌握在陇城妇女手中，是历代陇城镇妇女勤劳、智慧的结晶。

烧酒 黄酒

烧酒 陇城所处的清水河谷为产粮区，有大量余粮可供酿酒；当地水质又好，还因传说中女娲抟土造人的“龙泉”而享誉遐迩。陇城烧酒以传统独特的手工工艺精心酿制而成，醇香浓郁、回味悠长。有的酒坊聘请的酿酒师有祖传的配料和制作秘方，有的酒坊本身就有世代传承的独特酿酒技艺。酿酒原料以高粱为主，按一定的比例拌入五谷杂粮，经过浸泡粮食、高温蒸煮、窖池发酵、蒸馏取酒、装坛存贮几道工序制成。

民国时期，陇城镇有张氏“增盛积”、娲皇村李家“丰盛元”、高庄李家“福泰堂”、蔡家“新成全”“积庆余”五大烧锅。每个酒坊建有二三十个发酵窖池，轮番入池、上锅，每日青烟袅袅，酒香四溢。单个烧锅月出酒量200～300千克，且常年连续不断生产。所产烧酒，除满足本地需求外，大量装笼，雇驼队运往西部洮州、凉州、兰州等地，向东销往关中。中华人民共和国成立后，个体酿酒作坊均已停产。

黄酒 因其酒液显橙黄色而惯称黄酒。大多农户入冬至腊月拌醋的时候，有顺便酿制一些低度黄酒的习惯，作为饮料日常饮用或待客。原料主要是谷子、糜子碾成的小米。先将小米淘洗、浸泡、蒸煮、摊凉，加入备好的釉子充分搅拌，装入盆中用厚布覆盖发酵。几天后，再加入麦釉搅匀，落入缸内，以蒸煮熟的米汤“喂饭”至稀粥样继续发酵。发酵好后，往缸内添水二至三次沥酒。制作工序上只是取酒环节与制作烧酒不同，而类似于“搭醋”。

黄酒

黄酒的特点是纯香绵甜带酒味但不浓烈，妇女、小孩也喜欢饮用。酒成时也馈送邻居、亲戚朋友，邻里街坊闲谈会评比谁家当年的黄酒最好。

粉条

粉条 民国时期，陇城粉条有扁豆粉条和洋芋粉条。中华人民共和国成立后，用纯洋芋粉制粉条，具有柔韧洁白、口味纯正、久煮不烂、能长期存放等特点，为家常菜肴中最常用的食材。

陇城种植洋芋面积较大，因洋芋一般在深秋收获，粉条多在秋末冬初生产加工，边粉碎洋芋边加工粉条，若加工不完则以干粉存到次年春季生产。一般经过清洗洋芋、粉碎去渣、沉淀净粉、压条下粉、晾晒打捆5道工序完成。未有电动机械以前，粉条加工全靠人工，用纯洋芋粉手工操作，产量有限，家庭自做自食，小作坊年产仅几百千克。

20世纪70年代，陇城公社的部分大队修建简易粉坊，加工粉条。改革开放后，粉条生产在陇城大规模发展，一般采用传统手工加小型机械的方式制作。农户三五家相互帮工，一家接一家制作，七八个人各司其职，院内挂满洁白粉丝，一派忙碌喜庆的景象。粉条加工厂采用沸水漏条方式下粉，大大提高了效率。

1990年前后，私营、联营企业粉条加工厂异军突起，拖拉机站、供销社食品组、张沟村的张朱宝、张五斤、娲皇村的赵茂盛等单位和个人先后办起中、小型粉坊19家，其中13家粉条加工厂进行大批量半机械化生产，带动了当地近千名农民从业。

90年代末，当地粉条加工业逐渐衰落，只有两家时断时续生产。2010年后，务农人员多从事经商、建筑等其他行业，洋芋种植面积大幅减少，陇城无粉坊加工，现有近50%的农户进行家庭生产，多数除自家食用外，常用作走亲串友的礼品。

传统节日

陇城镇的传统节日有春节、上九、元宵节、二月二、五月五、六月六、七月七、中秋节、九月九、十月一、腊月八、送灶节等。

春节 是除陈迎新的日子，俗称过年。陇城镇的人们从腊月初八（腊八节）起就喜迎春节的到来。集镇上，年画春联，各具特色，各种商品，琳琅满目；巷道内人头攒动，各种叫卖声此起彼伏。此时便开始“忙年”：打扫房屋庭院、洗头、沐浴、杀年猪、准备年节器具、排练社火等。

陇城镇有“紧腊月，慢正月，消消停停二八月”之说。自腊八节吃了“糊心饭”后，人们喜迎春节的帷幕便渐渐拉开，尤以社火排练撩动着千家万户的心。有戏箱和戏曲人才的村社，腊八节晚上，在社火头目的召集下，开始谋划排练春节时的社火演出。社火节目多为戏曲（秦腔、眉户、地方小曲）、马故事、高抬、高跷、舞狮子、跑旱船、扭秧歌、唱船曲、荡秋千等。整个腊月“古庙灯火不夜天，村社戏曲鼓乐喧。”忙白天、忙夜晚，一直闹到除夕夜。

20 世纪 90 年代以前，陇城人在农历年的最后一天有吃搅团的习俗，年长者常说：“三十吃搅团，来年够搅然（即有吃、有穿、有钱用）。”这天，在所有门户上都要贴上红对联，在设有神位的地方、粮仓、橱柜的向面处，还要贴上一块折成三角形的黄表，称“贴挂”。贴挂最讲究的是贴门神和贴灶神。门神主要有大门、上房、厨房门神。唐代以前大门贴神荼和郁垒二神画像。唐代以后，大门贴秦琼、敬德画像，延续至今。上房门贴“天官赐福”。厨房、侧房贴“状元插花”，但绝不能将三门神贴乱。贴灶神，有东西灶之分，贴灶神意为保佑全家四季平安。

腊月三十，除贴春联、贴门神、请灶神、剪窗花、挂年画外，还要还清欠借他人钱物及草泥修补房屋的窟窿裂缝，意在堵塞漏洞，期盼来年不漏财，事事如意，俗称“泥年”。同时，要在庭院中央栽一棵“天爷树”（通常为松树枝），在天爷树的主干正面贴上一副用墨笔红纸写成的“天地三界十方万灵真君之神位”的牌位，并在牌位的上方贴三角形黄表，在“天爷树”的所有枝条贴红、黄、绿三色纸条，挂上灯笼，神牌下方设一供桌，摆置香案。下午，有关年事的一切准备就绪后，长辈带上孩子、备上香表纸钱、茶酒爆竹，到祖宗坟茔或村口祭奠，称“接家庭（即迎先人）”。先辈亡故未满三年者，要印制厚厚的几包纸钱供在正屋贴有“三代宗亲之神位”的供桌上，称“坐纸”。

春节是合家团圆、敦亲祀祖的日子。除夕，全家人在举行隆重的祭奠仪式后，欢聚一堂，团坐守岁。长辈会给孩子散盘缠（压岁钱）、给儿媳妇散针线钱。妇女们一边聊天一边包饺子，男人们一边吃喝一边谈天说地。

初一子时交年时，举行辞旧岁、迎新年仪式。各家各户便大开庭院大门，燃放烟花爆竹，主人口含蒜末，对着庭院大门外喷出，意为驱除邪气。然后，再次焚香致礼，敬天地、祭祖宗。还要到寺庙上香敬奉，赶在最前面的叫“烧头香”，预示着来年会交好运。如今，陇城镇的人们每逢春节时，远在异乡的亲人都要赶回家与亲人团聚，备上一

“天爷树”

桌丰盛的团圆饭，表示一家人永远团团圆圆、相亲相爱，幸福美满。晚上，全家人齐聚一堂，其乐融融。

初一早饭后，由一家之长带领男性子孙到同一宗族中有老人逝世且未满一年的家中祭奠，叫“点纸”。春节的前两天不串门走户，正月初三日，亲朋好友及庄家去坐纸人家祭奠，叫“送纸”。初三日后，选定良辰吉日，在家长带领下端上香马盘、带上劳动工具，赶上牲口，开着车，敲鼓拍钹到当日喜神所在方位烧香表纸钱，燃放爆竹，叫“出行”，也叫“迎喜神”。从正月初四日起，村村耍社火，第一场社火为“务农”，俗称“牛耕地”。由此拉开春节闹社火的序幕。各村都有社火队，邻村之间，社火队伍相互走动拜访，有的还向每家每户拜年，为春节的喜庆增光添彩。人们开始走亲访友，祝贺新春，直到正月十五。

近年来，随着城镇化、信息化建设步伐加快，也逐渐使用电话和网络等拜年。各村

春节闹社火

喜庆春节的活动，又增添了广场舞、自乐班、球类比赛等。

上九 正月初九，是一年的第一个逢九日，也是玉皇大帝的诞辰日，陇城镇在西番寺举行祭祀活动，俗称为“过上九”。

节日到来之前，当地民众要在西番寺筹办大型庙会，一为玉皇大帝诵经做道场，请大戏公演为神灵上寿；二为上山朝会的人们炸馓子纳福，还要接待四面八方的社火。

正月初八下午大戏开始公演，西番寺张灯结彩，陇城剧场人山人海。夜间，燃放烟花爆竹。当地民众从夜戏一散就争着赶上山场，抢烧头香。每个家庭院落的“天爷树”下，除了贡献各种果品糕点外，还要蒸上一盘莲花状的白面大馍馍献上。最为讲究的是，在过春节时宰杀的猪羊，要将其头留到初八夜，在院中心献了天帝后才能享用。祭祀过程中，家中男主人洗净手脸，沏上清茶，提上酒壶，端上香表，带上子孙，双膝跪于庭院中心的神位前，磕头、烧点、浇奠、燃放礼炮，以示对天帝的恭敬之心。正月初九清早，赶到西番寺上香的香客云集陇城镇，敬神、看戏、观社火、走亲访友。

元宵节 “小年大十五”，农历正月十五，是一年四大节之一。元宵节，在陇城镇又是“人文始祖”女娲的诞辰之日。此日，陇城镇举办大型庙会，祭祀“人文始祖”。

这一天，来自清水河流域秦安、清水、张家川三县的社火队，云集陇城镇女娲祠广场朝会“人文始祖”。主要社火有高抬、马故事等。从上午十时到下午三时，陇城镇五里长街，车水马龙，人山人海。一队队社火络绎不绝，街道两侧的商铺彩灯高悬，广告牌五花八门，节日礼品种类繁多，让人目不暇接。

女娲广场夜晚则是灯火通明，家庭院落，街道两旁彩灯高挂；灯笼式样繁多，有宝莲灯、十二生肖灯、荷花灯、九龙灯、八卦灯、转灯和火球灯等。小孩子一边搭着灯笼，一边念念有词地在街道、庭院、房屋的各个角落“寻蚰蜒哩！”“寻蚰蜒，蚰蜒寻不着，被袁家瞎马踏死了！”这项活动从正月十四晚开始，一直延续到正月十六晚结束。与此同时，还有夜社火，多为舞狮子、降老虎等。

陇城亦有捏灯盏、点灯盏的习俗。捏灯盏是妇女们展示手工艺的一项重要活动。捏灯盏，从正月十三开始，用荞麦面、玉米和糜谷面为原料。荞麦面捏制的灯盏叫铁灯盏，蒸熟后其颜色为铁青色。可捏制成十二生肖、花鸟鱼虫、器皿状等。用玉米、糜谷面蒸熟的灯盏，其味多甜，颜色金黄，形状多为圆柱形和麦垛形，叫甜灯盏。所捏数量提前得有预计，一般是家庭所有成员每人一盏，所有门户、房舍每处一盏，所

点灯盏

有敬奉神灵处每神一盏。若要奉送亲房、邻居和庄家，按其多少都要计划在内。灯盏捏制好后，上锅蒸熟。然后便是点灯盏，正月十五一早，各家各户都要将灯盏连同香表、纸钱、清茶、白酒用香马盘郑重地端到自家祖坟茔烧奠祭祀，叫点灯盏。入夜时分，将捏制好的所有灯盏在灯窝里滴上清油，插上灯芯，全部点燃，男为硬灯芯，女为软灯芯，每人指名一盏，一般是按个人属相指定。在灯盏燃烧的过程中，观其灯花的大小，若谁的灯花大，便预示着当年必交财运。灯有明心灯、亮眼灯、指路灯、鸿运灯等多种名称。

当地还有送灯盏的习俗，若谁家里老人或家庭主要成员去世，称“有服”之家，元宵节，只有点灯盏而不能自捏灯盏，他们所用的灯盏全靠邻里在正月十四日赠送。

二月二 农历二月初二，传说是龙抬头之日。二月二前后，是二十四节气之一的惊蛰，此时蛰伏一冬的生灵，都会被轰隆隆的春雷惊醒。此时，春回大地，万物复苏，传说中的龙也从沉睡中醒来，抬头而起。俗话说：“二月二，龙抬头，大家小户使耕牛。”二月正是农事开始的季节。人们用各种活动祈龙赐福，保佑风调雨顺、五谷丰登。陇城镇除了敬天地鬼神外，还有剃龙头、炒豆子，打灰簸箕等习俗。

民间习俗，正月不理发，人们在正月过后的二月二理发。俗语说：“二月二剃龙头，一年都有精神头。”

陇城镇多数人家在二月二黎明前，由一家之主妇，用细箩仔细筛过的黄土炒好大豆、黄豆、豌豆、玉米、小麦、谷子、高粱等各种豆花，乘雀儿还没有飞出窝巢，用簸箕端出各种小豆花，向院落的四周挥洒，并口中念道：“豆花开，豆花香，大人吃了家兴

炒黄豆

旺，娃娃吃了快成长，雀儿吃了眼无光，蛆蛆虫虫吃了全死亡。”“金豆豆，银豆豆，豆豆花开有丰收。”祈望人寿年丰、五谷丰登、六畜兴旺。

豆花撒完后，主妇再将所炒的豆子分散给家里所有人，吃二月二的豆花能吉祥如意、百事顺心。一些心灵手巧的妇人还用线将大豆串编成豆锁，戴在小孩子脖颈上，寓意有五谷神的保佑，长命百岁。豆花除人食外，还有给家畜家禽分食的习俗。

撒豆子结束后便开始打灰簸箕。黎明之前，由一家男主人施撒，从灶膛里掏出草木灰，用簸箕盛上，端至庭院中，先叩首上苍，再从本年大吉方位施撒，绕庭院一周。在撒灰的过程中，一手端簸箕，一手撒灰，又将簸箕的边沿用手掌敲打，边撒边敲，口中念道：“二月二，龙抬头，蛆蛆虫虫别抬头；要抬头，一簸箕打在灰里头。”最后撒到牲口棚或茅厕结束。此意为杀虫灭菌，盼全家清洁、身心健康。若有亲人已故，且未满三年的人家，便会提前一天炒制豆花和完成其他事宜。

二月初二，陇城镇、五营乡的数十个村的民众，将赶赴常平堡朝会。常平堡有一年一度的二月二庙会。庙会期间，做道场，请大戏公演。夜晚，绽放礼花，尤为赏心悦目的是当地民众自制的烟花“飞机窜城”“紫葡萄”“猴浇尿”“水打箩”等等。一束束烟花从堡内到堡外同时迸发，如万丈流苏，似万马奔腾；一声声惊呼，一片片叫好声响彻整个常平堡的夜空。

五月五 农历五月初五为端阳节。陇城镇的五月五有踩露水、拔艾草、挂柳枝、绑花线、戴荷包、抹雄黄、煮甜醅、包粽子等习俗。

五月五一大早，家家户户洒扫庭除，大人小孩要在晨光微露之时，赶去田间地埂踩沾那晶莹剔透的露水，拔浸满露水的艾草，折飞絮殆尽的柳枝。五月五拔艾草的习俗

流传已久。相传，五月五的露水是“神水”，人们沾了端午节的露水可除去病灾；女孩子可用五月五的露水浸湿头发，头发会变得又黑又亮；大人、孩子们在小河边洗净头、脸、手、足，可祛病消灾。踩露水的同时随即拔上几束艾草带回家，将所拔艾草置于房门的勾扇处阴干，据说艾草沾满端午神水，具有灵气，可以辟邪、杀菌、消毒以保家人安康。另外，艾草具有药用价值，据说五月五这天所拔艾草药性极佳，可晾晒干净，以备熏灸。

“又是一年五月五，遥想祝福挂柳枝。”“柳”即“留”，且古人有“折柳送别”以表“挽留”之意。而五月五挂柳枝以示对先贤的追慕之情。是日，男孩们结伴而行，大孩子攀树上折下条条柳枝，小孩子捡拾于地上，而后各人分得一束，带回家中将柳枝挂于所有门楣之上，家家如是。

香草荷包、五彩花线亦是五月五的必备之物。据东汉应劭《风俗通义》载：“五月五日，以五彩丝系臂，辟鬼及疾，令人不病瘟。”汉代就有系花线的习俗。五月五当天，家家户户的孩子都要在脖子、手腕和脚腕上系上彩色的丝缕，叫绑花线。绑上花线用来辟邪和防五毒。花线要戴到“六月六”才能剪下来，将剪下的花线扔于屋顶，让喜鹊衔走，为牛郎星和织女星在七月七搭鹊桥相会所用。小孩子及青年男女还要佩戴加入香料的荷包，尤以马尾荷包最为有名。五月五这天，小孩子们和青年男女绑好花线，戴上荷包走在一起时，会情不自禁地比比看谁的更漂亮，颇有一番情趣。

五月五，家家吃甜醅、粽子，还要给小孩子烙花馍、喝雄黄酒，在五官处涂抹雄黄，意为防止蚊虫叮咬，驱散瘟疫。

插柳条

挂艾草

系花线

五彩花线

六月六 农历六月初六，当地称洗晒节、敬谷节，是一个充满着乡土气息的传统节日。主要有晒书画、晒陈衣、人畜洗浴、祈求晴天、敬五谷神、打花线等习俗。每当此日，若天晴，读书人便将家中全部藏书置于庭院中通风、晾晒。又因六月六时，气温高，又多雨，有“小暑大暑，泡死老鼠”之说。此时气候潮湿，书籍衣物易发霉，家家户户既要晾晒书籍衣物，又要将牲口赶往小河中，一边泼水去污垢，一边梳理鬃毛洗浴防暑。相传无论人或畜，凡在这天洗澡，一年内都会身体健康，大吉大利。此时，域内小麦的收割运输已近尾声，农民赶在六月六前必须打碾一场麦子，加工成面粉，六月六天一亮，烙成新麦面蝉形花馍馍，俗称“麦蝉儿”。敬献天地、灶君和五谷神，祈求天地保佑，来年五谷丰登。又有小孩子相互奔走打花线的活动，在端阳节时所系花线，必须在六月六打断或剪断，弃于屋顶，让喜鹊衔走，为搭鹊桥之用。也有丢入小河里让河水冲走，可将百病带走之说。

七月七 农历七月初七是传统的七夕节，又名乞巧节、穿针节、双七节、女儿节。陇城镇的女孩子们又把这一天称为香日。因七夕牛郎织女相会，织女要梳妆打扮，涂脂搽粉，满天香溢，便会将脂粉落入民间庭院，故称香日。在陇城镇有穿针乞巧、捂指甲、敬魁星的习俗。

穿针乞巧。陇城镇一般是以村或邻居之间，将未出嫁的少女集中在某一家中，在一座房子里由一主妇组织引导，备好七孔银针，数条五色丝线，对月穿之，先完成者为得巧，迟完成者谓之输巧，并各出资以奖得巧者。还有将自己试做的嫁妆如绣肚兜，绣花鞋、绣枕顶，拿来互相交流观赏，竞相赛巧。

拜织女。陇城镇的少女们预先和朋友相约在一家庭院，当月置桌，桌上摆放茶酒、水果、五子（桂圆、红枣、榛子、花生、瓜子）等祭品，又用红纸束鲜花几朵，插入花瓶，花前置一小香炉。相约参加的妇女们，先斋戒一日，沐浴停当，准时到主办家来，于案前焚香礼拜后，大家围坐在桌前，一边分享祭品，一边朝织女星默念自己的心事，直至深夜方散去。

陇城镇还将七夕节称指甲节。女孩子多采摘指甲花和上明矾捣碎后，在临睡时贴在指甲上，多用豇豆叶子包裹扎。翌日，指甲便会鲜红亮丽。

相传七月初七是魁星的生日，陇城镇亦有敬魁星的习俗。魁星是魁斗星，二十八宿中的奎星，为北斗星的第一颗星。古代七子中状元时称“大魁天下士”“一举夺魁”。魁星主文事，陇城镇规模较大的村庄，建有魁星庙或魁星楼阁。欲求功名的读书人，特别敬奉魁星，祈求保佑自己科运亨通。

中秋节 每年八月十五，陇城地区有家人团圆、做月饼、敬月亮、唱大戏、放烟花的习俗。陇城人用月饼祭祀月亮，起源于唐朝，不过在唐开元之前不叫月饼，叫胡饼。据说，有一年中秋之夜，唐玄宗和杨贵妃赏月吃胡饼时，唐玄宗嫌“胡饼”名字不好听，杨贵妃仰望皎洁的明月随口而出“月饼”，从此，“月饼”的名称便在民间逐渐传开。陇城人打月饼早在唐以前，其传统的制作不像今天社会上流行的五花八门，注重包装，而是既注重寓意，又注重实惠。其选料为面粉、清油或大油、红糖、蜂蜜、冰糖，绿红丝等。加工成圆形，每一包又必须有一个锥形的、可分为大中小三等。其包装既简单又讲究。底部的为“状元”，中间的为“榜眼”，最小的锥形月饼为“探花”。用麻纸、绿纸、桃红纸从里向外包装成一个圆锥形。在外面还要贴一张用大红纸印上月亮、嫦娥、玉兔、桂树的商标，署上加工商铺的字号名称。中秋晚上，先献月亮，再品尝。家长在院中央放置一张贡桌，摆上香炉，献上月饼及梨、枣、核桃、葡萄、苹果及秋天收获的各种果品，再献上一盘梅花点缀的白面大馍馍，由一家主人先点燃香烛，焚烧黄表冥钱，浇上青茶白酒，磕头后一家人围坐在桌子四周谈天说地。一些有文化素养的家庭还对着月亮引导孩子作诗猜谜，意韵绵绵，心旷神怡。当香烛燃过一半后，大家一起品尝月饼水果。此时此刻，女娲祠广场举办一年一度的庆中秋、敬方神庙会。晚八时后，千筒烟花奔射夜空，紧接着大型秦腔戏向来自十里八乡的观众公演，于是陇城城区人又急急忙忙赶往剧场观花看戏，到处是一派节日的景象。

九月九 农历九月初九，为传统节日重阳节。当地有登高、簪菊花、饮菊花酒、喝菊花茶、吃荞麦长面的习俗。

金秋九月，秋高气爽，登高远望，心旷神怡、健身祛病。登高没有固定的去处，一般是登上附近的高山，攀上寺观楼阁的高处，取步步登高之意。还可观赏漫山红叶、野花，以冶情趣。

九月九，人们有赏菊花的习俗。菊花象征长寿，又能入药，还能与其他原料相配酿酒，当地人在重阳节聚会时，便饮此酒。

自汉唐以来，每逢重阳节，一些读书人便在当地龙泉寺、西番寺、凉飔阁等风景胜地赏花、饮酒、赋诗。

陇城镇有歌谣云：“过了九月九，各人的庄稼各人守。”重阳节的到来，预示着秋收秋种即将结束。农民要把收割上场的荞麦抓紧打碾，这一天必须吃上配上香菜的新荞麦羊肉臊子面，俗称荞面疙瘩，以庆贺丰收。

十月一　农历十月初一，称寒衣节。陇城镇家家户户都有送寒衣的习俗。

陇城地区的送寒衣分为两种。一是给亡故未满三年者送寒衣，所送寒衣要用各种彩色纸剪裁粘缝成各种纸衣、裤、帽、鞋、被褥等。若是棉的，还要夹少许棉花，由儿媳和女儿亲手粘成，用包皮纸包裹成“邮包”的形式。此日，其儿女们要亲自送于墓前焚烧。另一种是给亡故三年以上者送寒衣，由家庭儿媳剪成纸衣，不粘缝，由儿孙们于傍晚时分，端到村头巷口焚烧，以示对先人的缅怀。

陇城镇传有“抢寒衣”之说，那些独门无后的人去世后，是没有人为他们送寒衣的。只有通过抢别人家的，才能得到。除此之外，还有在自家大门口，为出嫁后非正常死亡的无后年轻妇女烧寒衣的习俗。因为这些人死后不能进祖坟，没有人为她们送寒衣，只有娘家亲人在大门外了却一番心事。

腊月八　腊月初八，称腊八节。此日清早，陇城镇各家各户便开始煮腊八粥、拉冰马。从这天开始，就拉开了备年的序幕，扫穷土、杀年猪、酿黄酒、练社火等。

腊八粥

多年来，陇城地区的腊八节愈过愈浓。是日未晓，主妇们就赶在麻雀聒噪之前把米粥熬好，叫醒全家人，各自喝一碗米粥，认为喝了米粥，就糊住了麻雀的眼，不让其糟蹋粮食，并立即燃放爆竹，口中念念有词：“米粥糊住了雀儿的眼，爆竹吓破了雀儿的胆。”待每人喝过米粥后，再往锅里加上佐料继续熬成稠米饭。腊八节的米饭必须要多做一些，不可一次吃完，剩下的便在腊月的每顿饭中掺和一些，是为年年有余。

送灶节 腊月二十三，祭灶这天晚上，饭要吃得早，不能有剩饭，并将灶台打扫干净，摆放好祭器，由一家年长的男人主事，洗了手脸，把从集市上或自家熬制的灶糖、果品和 12 个烙好的饼呈放在灶台中间，点上三炷香，燃一支蜡烛，沏一壶清茶，烧三张黄表并叩头，叫“请灶爷”。待香燃尽时，再续三炷香，并将灶糖在蜡火上烤到局部融化后，抹在“灶神”的嘴上，边抹边说：“大口小口，一月三斗；上方爷问您，您老人家不要翻舌头；好话多说，闲事少管。”然后跪于灶前再焚三张黄表，奠上清茶，撕下灶神的画像，一并焚之。这一切完事后，要将灰烬盛到一只干净的盘子里，舀半碗清水，一同端上，另一人则开始燃放爆竹三起。第一起，燃放在灶房门口。第二起，燃放在庭院正中。第三起，燃放在大门口外。每起燃放的爆竹都是三响，若爆竹特别响亮，则预示着灶神高兴满意，上天尽能向玉皇大帝言说好事。若爆竹不够响亮或有哑炮，必须补放，并要再三祷告灶神。灶神送出大门后，当避开“土地神”和“太岁神”的方位，主送人要选择这一年的吉利方位，找一块干净的空地，再燃香焚表，叩头作揖，泼送纸灰清水，算是送灶结束。

陇城地区流传着“张、王、李、赵”腊月二十四送灶的习俗。相传，这四姓人中有四家非常穷困，日子过得紧巴巴。在腊月二十三送灶这天，买不起贡品，没有举行送灶仪式，结果当天夜里都梦见一个白发老人对他们说：“快点送我回天庭，再不就迟了。”半夜醒来，正值北风怒吼，炕不温暖又无被毡，加上饥饿，辛酸得只有流泪，

灶糖

哪有钱买祭品送灶呢？于是，只有面对漆黑的夜空发愁，哀鸣着对刚才梦中的老翁诉说：“您干脆让我死去算了，您不知道我没有什么送您老人家的吗？”说完又强装着睡了，在迷迷糊糊中又梦见那位老翁再次出现在面前，并且泪流满面，十分可怜地说：“如果再不送我上天庭，玉皇大帝会降罪于你我。”第二天，这四个人都不约而同地到十字路口听大家聊天，其中有一姓张的说出昨晚梦中的事，王、李、赵三人才知和自己梦中所见完全一样，于是经四人计议，决定在当晚用蒿枝作香，树叶为表，谷面馓饭替糖，清水代茶，燃竹子为爆竹，送灶神上天。灶神上天之后，果然迟到了，但他如实向玉皇大帝报告了下界的清苦。玉帝听后，不但没有降罪，还命财神送给这四家人许多金钱。从此以后，其他各姓氏腊月二十三送灶，而张、王、李、赵四姓氏一直沿用腊月二十四送灶。在陇城镇地区，有其他姓氏的穷人也有意在腊月二十四送灶。久而久之，便约定俗成了。

春分 是二十四节气之一。随着春分的到来，陇城镇除了准备春耕，种瓜点豆，孩子们忙放风筝外，更显地方民俗特点的是上坟扫墓。民谣云：“二月里来是春分，有服人家上新坟。”新坟是指埋葬成年亡人未满三年的坟墓。

春分当天，子女、亲属将为亡人用彩色纸张，裁剪、粘制成各种换季的衣服，送于坟茔叩焚。先在坟堆上面挂上用纸凿或铜板捶打，留有痕迹的条形纸钱，然后奉上贡品，如锅子、献饭等，敬香祭奠，并将纸衣纸钱一同焚烧。上新坟时，子女们一定要戴孝帽、穿孝服、孝鞋，哭声悲泣。祭祀毕，众孝子要在坟园倒出一些食物，撒在四周，分给一些无人怜念的孤魂野鬼，而后大家围坐在一起，共同分享祭品。春分上坟扫墓的习俗在当地已经流传了两千多年。

清明节 是追念、感恩祖先的传统节日。陇城镇家家户户都要到祖先坟茔扫墓，当地人叫“上老坟”。

上老坟是追思逝者、敦亲睦族、身先行孝的表现。清明一大早，同族的人备好上坟所用的祭品、培坟工具；每家每户都要准备一些寒食，在祭奠结束后，由孩子们共同分享；大人带领着孩子们来到祖先坟前祭奠。

一到坟地，先给土地神敬香祭奠，而后由主事人选中当年、当月、当日吉利神所在方位，取其净土，培土修补坟墓上被雨水冲刷、动物刨挖的缺陷或窟窿。修补坟墓时，应当祭奠白酒，燃烧纸钱。待坟培好后，在长辈的指引下孩子们把黄、白两色的纸条插在坟上，叫“挂纸”。挂纸需从坟的脊梁到两侧，要排成整整齐齐的株行距。所挂纸条随着清明时节的轻风，似无数条黄绫银帘迎风飘荡，覆盖坟园，既萧瑟，又庄严。挂纸结束，便是祭祀，主祭人喊一声："放炮敬神"，几个小伙子就会立即点燃爆竹，顿时，噼噼啪啪的鞭炮声，震耳欲聋的土礼炮声，响彻山野。炮声稍息，所有上坟的人依次跪于坟茔之前，主祭人献上祭品，点燃一大把香，在每个坟墓前敬上三炷，在焚纸堂的上部点燃所有的香，然后叩头，烧散纸钱。

敬香祭奠结束，大家围坐在一起，边总结祭祖的得失边分尝祭品。中华人民共和国成立前，每逢清明节，一些达官贵人和富户人家，有在自家坟园里放舍饭的习俗。

清明节，在陇城镇还有植树、踏青的习俗。人们除了修整环境，锄地里的杂草外，还在墓地四周栽上小柏树，在院落、巷道旁栽上杨树、柳树。人们把清明节、七月十五、十月初一称为三大鬼节，为了防止百鬼的侵扰加害，插戴柳枝。柳在人们心目中有辟邪的功用，又称之为"鬼怖木"。妇女及年老体弱之人还有踏青、登山的习俗，称为"扔百病"。同时，还要在野外剜一些新鲜野菜，在当天晚上入锅烩面，称为"清下锅"。相传清明节的野菜无毒无菌，有百药之功效，食之可除百病，身体健康。

生活习俗

建房 春秋战国以前，陇城境内林木茂盛，官府及民间都用木材建造房屋，当时盛行"板屋"。秦汉以后，民居建造主要为土木瓦房，院落毗邻，隔墙用土基筑造。明清和民国时期，陇城的传统住宅为独家四合院，房屋都是土木结构的青瓦房，建筑形式有拖牵、三椽、五檩四、四厅式、过厅、退壁门，又有半寺式、全身鞍架、单背软三间。仕宦富贵人家多建筑一进两院或一院式的四合院，为上三椽、下四厅，左琵琶、右布裙，屋顶起脊瓦兽，雕梁画栋。平民百姓及无功名之人家不得起脊瓦兽。普通百姓家则普遍为土挑檐式的一檩、单椽或两接椽式三间单背房。山区贫民多居窑洞，内修连锅炕，人畜同住者居多，还有忙上炕（有炕无地）。住房有长幼之分，长者或一家之主住正屋，小辈住侧房或下房，此俗延续至今。仕宦人家房内摆设富丽堂皇；农家房内简陋朴素，有的有炕无被褥，有的有炕无席，有的有席无被，以衣当被者为数不少。20 世纪 80 年代后，镇村出现建筑热潮，原来年久失修的房屋多被拆除，居民多建四合院，有砖木结构、全鞍架、锁子厅、钢筋混凝土结构的平顶子、两层、三层小楼房，人灶隔离，备有客房，居住宽敞，屋内家具摆设齐备。山区窑洞已消失。

罐罐茶 喝罐罐茶是陇城镇农家古今相传的一种独特的品茗风俗习惯。一个火炉子、一个茶罐子、一个茶盅子和一撮茶叶，便是罐罐茶的全部家当了。特别是年长者，宁可少吃一口饭，也要喝好罐罐茶，若一天不喝罐罐茶就整天打不起精神来。罐罐茶是由茶叶在沙罐子里煮熬而得名。大地湾先民最早发明了沙陶和彩陶，并用陶器盛水煮饭。罐罐茶的熬制起初是按人数的多少来选择罐子的大小，到后来则发展成为专用的茶罐，称“曲曲罐（泥土烧制而成，容量很小）”。曲曲罐高约 6 厘米，口直径不过 4 厘米，圆底鼓腹。

熬罐罐茶的用具除了砂罐外，还有火炉。最简单的火炉用三块土或石平地一撑，或在地埂一靠，中间留空，点燃些许枯木、树枝，就可以将熬茶的罐罐煨在火边。后来炉子发展成为用红胶泥捏制而成，到青铜器盛行时，铸造了熬茶专用的铜火盆，其形状多为圆形，三足，上面中心如一口平底锅，周围是宽约 10 厘米的环形平面。熬茶时，盆

罐罐茶

心装满草木灰，在其上点燃木柴、木炭或煤炭，再煨上茶罐，另有茶盅、茶壶置放在环形盆沿上。茶盅、茶壶多为带釉的瓷器。

陇城镇人喝罐罐茶还有吃烤馍的习惯，一些老年人在未吃饭之前喝茶，往往要吃少许馍馍或舔几口熟面，认为空着肚子不能喝茶。据称喝罐罐茶能清心、明目、亮耳，有延年益寿功效。

现在熬罐罐茶已经有了很大变化，所用罐罐底座有掌心大小，形状各异，高低不等，有瓷质、铁质、玻璃等罐子。熬茶比较随意，可将茶罐置于电炉或取暖用的火炉之上，在茶罐里加入冰糖、大枣、枸杞、桂圆、核桃仁等。有时几个人围在火炉旁，一边烤火聊天，一边熬茶，还可以吃上几口陇城镇锅盔，其乐无穷。

冬吃馓饭 陇城镇有冬吃馓饭的生活习惯。馓饭用五谷杂粮制作而成，当地流传有“莜麦面散的香馓饭，高粱面打的香搅团”之说。莜麦面是制作馓饭的上佳原料，而现在人们通常用精制的玉米面制作馓饭，并根据加不加酸菜把馓饭分为甜馓饭和酸馓饭。

甜馓饭制作时，可先在烧开的水中加入一些土豆块。此时，一手抓玉米面，一手拿擀面杖，双手相互配合，把玉米面从手指缝中缓慢、均匀地撒向锅里，同时要将擀面杖快速均匀地在锅中搅动。撒面与搅动要自然、协调，同步进行，否则就会形成面疙瘩。整个搅动过程要用力，让锅里的饭受热均匀。如果要吃酸馓饭，在面撒尽时，可以往锅里加入适量的酸菜和食盐，但搅动不能停止，否则会糊锅。等到黏度适宜，光滑、无面疙瘩时便可出锅。

馓饭

吃馓饭离不了下饭菜，陇城镇最地道的下饭菜为油泼辣子调酸菜、腌麻菜、凉拌胡萝卜丝等。天气越冷，馓饭吃起来就越有味道。若是吃法得当，饭后整个碗内是干干净净的，这就要边吃边侧碗，让馓饭从碗的一侧慢慢溜下来。

酒曲酒令 陇城人惯以酒席待客，席分酒、餐两部分，先酒后餐。开席时，先由主人从上席依次“看酒”。通常情况下，红事为 2 杯或 4 杯，白事为 1 杯或 3 杯，首杯主客共饮。动筷子之后，席间客人可互相敬酒，接着便是传壶，壶传到三轮之后，可以行令，俗称“划拳”（丧事除外）。以酒助兴，划拳行令，酒酣耳热，直至席终。平辈之间，行令多亲密、友好和祝贺之意。令有“一点元（魁星点元之意）、两相好（友好）、三桃园（桃园结义之意）、四红喜、四季财（恭喜、祝愿）、五金魁（首）（五子登科、祝文升）、六高升、六顺顺（祝仕进、事事顺心）、七巧巧、巧七财（谐妻巧、妻能理财、含祝良缘）、八抬官、八马跑（八抬即轿子，祝你升官）、九长长、九快发（九长含美好长久，永远发财）、十满堂、满十在（满堂喜，大家都喜）”。长幼划拳，小辈酒令带尊敬祝愿之意，但有直系血缘关系的长幼之间一般不划拳，只敬酒，如：“一心敬，二喜临门，三星高照（福、禄、寿三星），五福寿、八仙寿、九长富贵、十全全、宝拳一对”等。从参加的人数看，可分为两人间和多人间活动。行令的形式可分为表唱令、吆喝令、哑酒令和集体酒令。

生辰

出生 陇城镇第一胎婴儿出生 7 ~ 10 天内给女方娘家报喜的习俗。报喜返回时，娘家人要赠送两个蒸馍或饼子，表示吃了娘家的馍便会给孩子带来奶水，叫“要粮”。10 天后，娘家人（一般是女性）须前往男方家中探望产妇和新生儿，又要带两个大饼，俗称“古馂儿”，其中一个有孔，表示“月婆子”，吃了易恢复身体，还要给婴儿带些衣服、裤子（衬尿的小褥子）。婴儿未满月时，忌外人入室，也忌产妇与外人答话，更不能给外人水、汤一类的食物，意在不让带走婴儿的奶水，俗称“摘奶”。如外人不慎误入，主人家必须要到此人家中讨回汤水之类的食物进行补救。

满月 婴儿满月时要剃头发，传有“胎毛不剃，终身不利”之说，但剃去的胎发必须扔在房顶或墙缝处。第一胎婴儿无论是男是女都要在满月的第二天庆贺，称“做出月”。这天，娘家人及亲戚（女性为主）拖儿带女，带上布料和婴儿的服装，前来庆贺。其布料第一件是给公婆的，婶娘、妯娌也有份，表示感慰之意。主人家置办酒席，盛情款待前来贺喜的亲戚、朋友和庄家。

百岁 婴儿百日时，称“百岁”。这一天，要给婴儿请一位有识之士取名字。第一胎要庆贺，叫“过百岁”。20世纪80年代后，开始流行婴儿照“百岁”像。现在，一般婴儿未出生或刚出生时已取名。

抓周 婴儿一周岁时，亲戚朋友馈送礼品，第一胎尤为隆重。书香门第有“抓周”之举，在桌上摆放有代表性的小物品，如算盘、书、笔、羊鞭子、色子等，任其抓取，以第一手抓到的东西预测婴儿长大后的前途、志向和兴趣等。

戴锁投保 旧社会医疗条件落后，婴儿死亡率高。有些人家为祈求神灵保佑孩子健康成长，在婴儿“百岁”或周岁时请阴阳先生给地方神灵或自家灶神“上保状”，诵疏“保状文”。到12周岁时向所保神灵“退保状”，也叫“割保状”，或请福寿双全的人拜为干亲，为孩子戴桃木项圈或锁儿，表示“长命富贵”，到12岁时举行“抹锁”仪式。

祝寿 陇城镇把60岁之前的生日叫“过岁”，60岁及以后的生日叫“过寿”。但首次过寿必须在59周岁生日这天，叫“贺六十”。之后每逢十数做一次寿，有“贺七十、庆八十、祝九十”之称。旧时，富豪人家过寿要发请柬、设宴，前来祝寿者常献寿幛、赠寿联、悬挂寿匾等，贫穷人家则简办。20世纪80年代以后，人们的祝寿方式新颖多样。

婚嫁

旧时，陇城镇青年男女完婚都要遵从父母之命、媒妁之言。陇城镇称婚事为“红事”。婚嫁讲究“三程九礼”。“三程”即从提亲到送婚书为第一过程，从送迎亲到新娘上厨为第二过程，新人回门为第三过程。“九礼”为提亲、喝酒（订婚）、送礼、送婚书、迎亲、安房、看盅（叩头）、上厨、回门九种礼节。

提亲 家长对双方子女的年龄、才貌、家庭情况等经过互相了解后，若双方满意则由男方家长请媒人向女方提议结亲，若得女方许可，便问得对方生辰八字，再请阴阳先生对双方子女的生辰八字推算，“无冲”“无克”为相合的基准条件。然后，由媒人带上双份礼品到女方家正式求婚，称“提亲”。这份礼品一般要在女方家放置3～5天，期间，若无其他事由，待女方家同意，便向媒人传话；若不同意，女方家就会将礼品原封不动退还。

喝酒 喝酒即订婚。男方少则4人，多则6人，带上贴有红“囍”字的白酒两瓶，肉一刀、枣一份和其他礼品两样，称为“四色情”；还要蒸荷花形带梅花红点白面大馍12个。此外，带成双成对的女方衣服、鞋袜、脂粉、化妆品等，去女方家举行定亲仪式。到女方家后要向“三代”（泛指祖宗之神位）烧香叩头。然后设宴席商讨定亲事宜。主要是认亲家、会亲房、订彩礼。若双方同意，必须把男方所带白酒当场打开喝完，再往空瓶内灌入些许小麦奉还，若忘之，则叫“失礼”。定亲后双方家长互称亲家，每逢节会便互相走动，叫“转亲家”。

提话　提话也叫商量婚事。男女方到了结婚年龄，且家里已具备结婚条件的，先请阴阳先生根据男女双方的生辰八字，择定吉日完婚。男方备办好酒食，请媒人到家里议事，再由媒人带上礼品到女方家说明要举办婚事的相关事宜，若女方父母的想法与男方统一，再无额外要求，就按照事先商定的彩礼嫁娶；倘若女方家嫌过去彩礼少，按目前陪嫁习俗打发不起，需追加彩礼，或者家里因其他事务打搅，不具备女儿出嫁条件，时间需等一年半载，要媒人向男方家说明事由，暂不商量，于是媒人又得回话于男方。有时两家会因某些小事互不相让，媒人就主动提出自己的主意，以使两家都能接受。

送礼　送礼也叫喝大酒。由男方家择定吉日，再通过媒人传话，经女方同意，男方6～8人到女方家举行仪式。男方须带齐彩礼（同定亲时一样的礼品），还要带上一对同窝孵出未产蛋的母鸡、未打鸣的公鸡，并给女方家所有亲房各带一份礼品，叫带情。这天，女方家要请亲房或村族里有威望的长者作陪。男方到后先拜祭亲家祖宗，后吃早点，再由亲房管汤（吃午饭）后，开始研事。媒人先说明彩礼齐全或不全，当面交付清点，宣布迎亲时日。若女方家及亲房无异议，宣布“撒碟子”开宴席；若女方因彩礼、婚期有变动，当场就有代言人提出不同意见，碟子也就不撒了。

送婚书　送婚书是在迎亲的前两天由新郎扮演的独角戏。这一天，新郎带上由阴阳先生用大红纸写好的婚书，内容包括男女双方的生辰及迎亲的时间、上下轿的方位、迎送亲的抱轿人、陪新人的属相等。新郎还要给女方带一件“婚书裤”或一套布料。

迎亲　迎亲即举行婚礼。当天一大早，男方家张灯结彩，所有门户贴上对联、大红“囍”字，设宴席招待亲朋好友。富裕人家还要扎彩门，请乐队，大宴宾客。新郎有的还要披红，女方家亲朋好友也在前一天送礼品，俗称“添箱”。迎亲人数必须是单数，加上新人为双数。花轿上贴有“雀屏”字样的红横额，轿帘上贴有“狮王在此”的红条幅，用红绸挽花，从轿顶直垂轿的四角。新媳妇坐花轿，主人家骑马或步行。迎亲时要带“四色情”，红纸包裹的开箱伴女钱，拿一顶红盖头和一件“福命双全”妇人的外衣（称梳衣），新人来时穿在外面。到女方家后，先行大礼，端上开箱伴女钱。女方家将所有陪嫁物摆放在院中，称“摆嫁妆”。女方家盛宴招待。新娘上轿时，在前胸后背都要佩戴好镜子，相传为避邪之用。新娘由娘家同辈兄长抱上轿。无花轿时骑马或骑驴，但不骑雌性的。娘家送亲人为双数，少则 8 人，多则 10 人，若人数过多，就算失礼。上路后，若遇到另一家迎亲队伍，要互换镜子或手帕、针线等。沿途遇到水井、大石、大树都要贴上“狮王在此”的红纸条。至男方家门口时，花炮齐鸣，相迎新人，由新郎同辈兄长将新娘抱出轿后，跨越洞房门口的一盆火，直奔洞房，再由两个喜相伴娘接待相伴。入洞房后，先梳妆称破脸，由新郎揭去新娘的红盖头，用梳子三梳头发，再由一个喜相的半大男孩再三梳头发，然后伴娘帮其梳起高髻，俗称纂纂。

拜天地 入夜时分，在庭院中央摆高桌、燃香烛、烧纸钱，由一堂弟或族弟铺一块地毡（俗称背毡），新郎、新娘在主婚人的指引下，漫步走出洞房，于是满院看新媳妇的人齐声说唱几曲段子，如：“新娘出洞房，满院喜洋洋。向前走，风摆柳，大家看，赛天仙。观容颜，赛牡丹。”紧接着拜天、拜地、拜父母、夫妻对拜。于是，大家又喝唱：“一拜天地王母娘，放开织女会牛郎；二拜先人神橱堂，列祖列宗佑安康；三拜父母高堂坐，喜添新人福满堂；四拜夫妻结良缘，生儿育女成栋梁。”后改为：“一拜天地，二拜父母，三为夫妻互拜。”

合床 也叫扬床。新郎、新娘拜天地结束，由几个主事人一拥而入“洞房”。必须男前女后，女若跑前，大家就会笑新郎是个“怕老婆”。此时大家又不约而同地喝唱“新人入洞房，喜从天上降”“养下的儿子会骑马，搬弓射箭上战场。养下的女儿会扎花，一扎扎朵牡丹花。”进入洞房后，又有段子曰：“新娘新娘快上床，莫要含羞盼新郎”“双双核桃双双枣，新郎新娘百年好”“双双核桃双双梨，新郎新娘永不离”“双双花生红帐子，养下的娃娃白胖子”。于是由主婚人提一壶白酒，夫妻饮交杯酒，主婚人将核桃、枣、花生、桂圆、莲子、苹果等扬在床上，新郎、新娘一同将扬床果品收入箱内，合床果品最忌他人食之。新婚夜还要点燃一盏长明油灯，从合床前燃起，一直燃到第二天，直至燃尽。

闹洞房 闹洞房是专要新媳妇、阿公、阿伯子，而不要阿家（新郎的母亲）和亲戚的一种婚事活动。送走娘家的送亲人后，就逐渐拉开了闹洞房的序幕。参加婚礼的男子进入新房后让新娘点香烟、亮绣花鞋、观花隔肚、接吻，或将亲房家阿伯子、堂属阿公用锅墨画脸装扮成小丑，拉进洞房让新娘看，惹大家开心发笑。闹洞房的最高峰是新娘拜天地后或第二天专要阿公，其方式为先将阿公双手缚住，强行画上丑脸，戴上怪帽，系上老鸹铃，装扮成戏曲中的妖魔鬼怪的形象，端上一篮子牲口饲料，押进洞房。

看盅 第二天，男方家的主要亲戚、朋友及亲房等参加宴席，俗称看盅。新郎、新娘穿上喜庆的服装。把男方兄长化妆成丑角，端上铺有彩布的盘子，逐席向新娘介绍来者，新娘当面按其辈分称呼，也叫改口，新郎斟酒，新娘双手敬上，坐席之人都要掏钱作赏。

试手面 第三天，新娘开始入厨，阿家取面让新娘试着和面、揉面、擀面、切面。若手法熟练，就会引起观看者满堂喝彩，大家争吃新娘的手擀面。这一天，辞谢亲朋，婚事圆满结束。

回门 新娘第一次回娘家称回门。旧时娘家要备轿子或驴、马接女儿回家，这次要住 20 天，但通常只住 18 天，意为给阿家让出 2 天。新娘归来时，要有一个亲人陪送，带许多礼品，其中必须要有给新郎做的布鞋，阿公、阿家及小姑的衣物，还要有一对大馍馍，表示还礼。现在则以车辆代替轿、骑。

避灯 新婚后的第一个元宵节，忌婆媳相见，叫避灯。新娘得另投亲戚过节。否则，有婆婆双目失明之迷信说法。

入赘 男方赘入女方家，俗称“上门”或“招女婿”，多为男方家庭困难或女方家无男孩所致。

《中华人民共和国婚姻法》颁布后，废止封建包办，实行男女平等，婚姻自由。繁缛的传统婚姻礼仪逐渐被革除，“守寡纳妾”“ 指腹婚”“童养媳”等旧俗废弃。青年男女自由恋爱，登记结婚。近年来，陇城镇人生活水平不断提高，思想观念不断转变，婚事新办成为一种时尚，越来越多的人选择在酒店举行婚礼，拍婚纱照，摄婚礼像，用小轿车、面包车等娶亲送客。逢节假日举办婚礼已成为主流，也有旅游结婚者。

丧葬

陇城镇称丧葬为“白事”。旧时葬俗为传统土葬，仰身葬。葬穴为明坑式和穿堂式。操办丧事，礼俗较繁。一要选“风水宝地”安葬，择“良辰吉日”下葬。二要做道场，念经吊丧、发祭文、出告示、贴挽联。丧礼仪式有落草入殓、斩草打坟、祭奠吊丧、出殡埋葬和丧后祭祀五个程序。

落草入殓 人在临死时，穿好寿衣，人亡后，仰身就寝，移到堂屋正中后墙处，地铺木板或柳条、麦草等，脸盖白纸称苫脸纸，此为落草。然后挂黑色幕帐掩灵，帐前设香案。当日即在庭院大门出水口处烧纸钱送阴魂，大门顶部悬挂白纸灯笼，各门扇面贴一方白纸，灵堂内铺麦秸，供子女跪丧。乡邻亲戚带锡箔品、纸钱、挽幛或礼金前来吊唁。

斩草打坟 亡人落草后，由一位办理丧事的人专程在当地或外地请他们信得过的阴阳先生，择日斩草开坟，叫斩草打坟。若是老年人，其子孙早就请阴阳或风水先生选好墓地。然后斩草，斩草时用谷子秆七根，意为五谷之首，用头绳在中间两头三扎捆绑，用切刀斩为三段，再用麦麸在画好的坟穴上撒线，意在斩草除根，防止灾难降临子孙。斩草后就是破土打坟，更有一些祖祖辈辈常住当地的人，他们早建有祖茔，称坟园。人亡后，按事先定好的位置，按辈分次序打坟，这种坟叫老茔，但也有一条特殊规定，少亡或非正常死亡者不得安葬老茔。妇女在中途改嫁，后又返回者，也不得进入老茔。

祭奠吊丧 主要是出告白、出纸。在大门外侧立一案板，由阴阳先生在白纸上书写亡者生卒年、月、日，出殡时间，埋葬地点及吉利山向等，叫出告白。随后，乡亲、庄家纷纷前来祭奠，并按时前来送葬。死后第三天晚上要灶停烟火，孝子向“灶神”燃香祷祝，亡人魂灵才能通过投灶、过灯进入阴间。

出殡埋葬 出殡俗称送丧。有“八抬”和“四抬”之分。在出殡之前凡参与送葬者，每人喝半碗米汤，称“发丧饭”。阴阳先生念起灵经，年长者于棺前撒引路纸、举引魂幡，后紧跟乐队和举幛队伍，棺后跟随孝子、亲戚、庄家。长子怀抱亡者灵牌。棺至墓地，阴阳先生先祭土神，然后按选好的时辰定位、立向、分经、下葬。掩埋时长子先掩土三锹，再由庄家掩埋，若是女葬，娘家也要掩土三锹。葬后孝子先行，跪于大门外，向送丧者磕头致谢。同时将亡者灵牌带回，供于主屋桌案之上，然后设席款待送丧者。

葬后祭祀 葬后第三天午夜，孝子们要去坟地吊孝祭祀，将坟堆修整，插上“哭丧棍”，俗称“服三”。服三时不能说话，返回时更不能回头看。子女在一百天内，忌到别人家去。若丧事中有借用别人家什物，三日后方可归还。从死亡之日算起，第七天烧头七纸，此后每隔七天烧纸一次，直至七七，称尽七。如烧纸逢农历七日，则提前一日。但六七不烧。有的人家烧五七纸，要请阴阳先生做醮。一百天烧百日纸，规模较大。逝后一周年、二周年都烧年纸。烧三周年纸时，早上孝子到坟地祭奠后脱去孝服，叫“脱服”，穿上新衣新鞋。归来后门上要贴红纸楹联，并大宴丧期效劳者、娘舅家及所有来祭奠的亲友庄家。

目前，陇城镇葬俗沿袭旧俗，没有明显改观。

民间礼俗

问候 在陇城地区，问候礼俗大体分为：相见问、邂逅问、时间问、方位问、工作问、告别问六个方面。

相见问 一般有“呀来气（去）？”“做啥恰？”等。

邂逅问 一般有“咋不见，好着哩吗？”“屋里好着哩吗？”“老人家好着吗？”“娃乖着吗？”等。

时间问 一般有“起来的早？”“干粮吃了吗？”“饭罢了吗？”

方位问 一般有在家门口问“到屋里游走。”“屋里谝一谝。”

工作问 一般有“做啥着哩？”“忙不过来喘一声。”

告别问 一般有“你在着，我走恰。”“忙着。”

现在也有“您好”“对不住”“打扰了”“失陪了”等礼貌用语。

称谓 分为不带姓氏和带姓氏，视其不相识与相识，按年龄性别称呼。对长辈、年长者称其老大爷、大爷、老人家、老爸、老哥；老婆婆、老嫂子、大嫂子；张爷、张爷爷、王家哥、王哥、李婆、赵家姨、陈家嫂。对平辈、晚辈者称其师傅、小伙子、娃娃伙、年轻人、年轻媳妇、大姑娘、姑娘、女子、李家媳妇、王家姑娘、赵家女子。夫妻之间，旧社会一般互不呼其名，多以孩子名在前，称其亮亮爷、安安大、存存爸、红红婆、娟娟妈，也有男称女为屋里的，女称男为掌柜的。对做官的称老爷、绅士、乡爷。对老师称师傅。中华人民共和国成立后，干部职工之间相互称老王、老李、小张、小赵，老师之间互称老师，但前面必须呼其姓，在外地相遇，互称老乡。

礼节 旧社会有磕头、作揖、鞠躬等礼节。骑马相见，要下马行礼。中华人民共和国成立后逐渐废除，只有学生对老师行举手和鞠躬礼，同行相识行握手礼。上下炕从别人眼前过为失礼；过年、过节，给坐席、坐炕的长者磕头，要面向堂屋正面磕，不面对面磕，否则叫失礼。戴口罩与人说话、戴手套与人握手为不礼貌。端饭用双手，送客人到大门口，否则为不礼貌。

乔迁 择定吉日搬进新居称乔迁，乡邻、亲朋前往庆贺称“躟院”。男主人点香表，女主妇从旧灶里引出火心，端一盆酵子进厨房，点燃新灶之火，还要选喜相者从旧房提水，赶上猪羊、捉上鸡鸭一同进入新宅，放鞭炮，贴红对联，在院中央敬“天神”，主房正面供奉祖宗神位，厨房敬灶神。庆贺者放长串鞭炮，从大门口一直绕院一圈，并向其主家先祖行磕头礼。主人设宴招待。

挂红 原来在修建主房或大门的立木架梁之日，主人为修建木匠在大梁或门框上挂红色绸缎、吊上钱币，意为感谢。而房主的亲戚朋友拿上绸缎、燃放鞭炮前来庆贺，通称为挂红。现在发展到主人购买车辆或大型机器等物时，也行此礼。

禁忌

禁忌即忌讳。陇城地区禁忌繁多，大多是从古代沿袭下来的习俗，意在纳吉避凶，其中部分带有迷信色彩，部分是反映群众的生活经验和美好愿望的，有的是提倡语言文明、规范待人接物礼节的。

语言禁忌 老年人或成年人亡故，说逝世、去世、殁了、走了，忌说死了、完了。

妇女亡故了丈夫，说殁了头里人，忌说死了男人。

男人亡故了妻子，说家失了，忌说死了女人或完了女人。

小孩夭折、病故了，说糟蹋了、殁了，忌说死了、完了。

老年人发胖，说发福，忌说肥。

小孩发胖，说憨、福态，忌说肥。

小孩体瘦，说癯，忌说瘦。

人病危治疗无效，说病输了，忌说不得好。

无妻子的男人，说单身，忌说光棍。

对失去丈夫和子女的年老妇女，说孤身，忌说寡妇。

妇女怀孕，说身子不闲或有喜了，忌说怀娃娃。

小孩过生日、满一百天，说过岁、过百岁，忌说过生日、过百天。

老年人过生日，说过寿，忌说过岁。

在小辈面前忌呼其祖辈、长辈名，否则被认为骂人。

给晚辈起名，忌讳与长辈名同字、同音、谐音。

逢年过节、祝寿、庆贺等喜庆事情交谈中，忌说死、杀、鬼、完了、得病、倒霉等不吉利的话。

打碾粮食，尽量说多、好，忌说少、坏。

烧窑看火候，说炉膛亮，忌说红。

谈到聋子要说耳朵背，忌说聋子。

帮病人翻身，忌说重的很。

行为禁忌 逢年过节忌吵架、顶嘴、打骂孩子、说不吉利的话。

祝寿、过生日忌哭声流泪。

结婚忌穿白色衣服、鞋袜。

走亲访友忌在门口退进退出。

“土旺”期间忌修建、动土。

正月忌剃光头，以避“真（正）秃子”之嫌。

母鸡啼鸣认为家宅不祥，为凶兆，要将母鸡卖掉或在门槛上砍杀。

猫头鹰、夜鸽子入宅院或在院内附近啼叫，认为有报丧之兆。

乌鸦在自家院内、周围啼叫，若有病人，认为是凶兆。

狗叫带哭声，认为是灾兆。

在野外忌早见兔子、晚见野鸡，认为不吉利，反之则是喜兆。

产妇未满三十天忌出大门，忌与外人说话。

父母去世百日内儿女忌理发、忌自己洗衣服、忌在院内泼脏水。

买猪忌买五爪猪，说是破财。

家人出远门，忌立即扫地。

客人到家忌扫地，意为逐客（扫地出门）。

到别人家做客，忌坐门槛。

做客时发现正屋有灵牌或神牌，忌坐正面两边椅子。

做买卖忌用数字“七”，卖牲口忌卖笼嘴。

逢七日忌宰杀家畜、家禽。

出远门忌逢七日。

农家院见蛇忌捕杀，认为是家神，要祈祷敬送。

招待客人吃饭，菜肴宜双不宜单，尤其忌三个。

生人或远客忌入产妇、婴儿房间。

人死后忌铁针、塑料纽扣等物入棺。

小儿夭亡，忌用土掩埋。

谚语 歇后语

谚语

自然现象

立春头一天，大雪纷纷是旱年。

正月二十五，黄风刮起土，荞莜麦压折股。

收秋不收秋，单看五月二十六；二十六日滴一点，耀州城里驮大碗。

早上拉烟雾，下午晒死兔。

头伏下雨中伏旱，有雨直到七月半。

伏里戳一椽，胜似秋后耕半年。

大暑小暑，泡死老鼠。

“雨水”下雪天气寒，“惊蛰”下雪冷半年。

八月初一下一阵，直到明年五月尽。

要吃胡麻油，伏里晒日头。

牛打喷嚏蛇过道，斑斑钻天大雨到。

燕子低飞山戴帽，蝇末子罩路大雨到。

冬干湿年，憋破麦篅。

天旱日日雨，雨涝夜夜晴。

东虹日头西虹雨，南虹过后发霈雨。

三九塘土淹过驴蹄子，不成谷子成糜子。

头九温，二九暖，三九四九冻破脸，五九六九过河洗手，七九八九沿河看柳，九九尽，开耩种。

一九一根线，二九一里半。

伏里的雨，瓮里的米。

下了重阳，冻死牛羊。

黑云遮日头，必有大雨流。

云向西，泡死鸡；云向南，水翻船；云向东，一场空。

东南风，雨祖宗；西北风，天降温。

早霞不出门，晚霞千里行。

冬走十里不明，夏走十里不黑。

春旱不算旱，秋旱多半年。

立夏东风摇，麦子水里捞。

麦怕杏黄，荞怕种上。

五月小，呼雷霈雨搅到了；五月大，抬着龙王窜沟岔。

呼雷大没雨下，呼雷小霈雨大。

霈雨强，跑不过一面场。

早上下一点，午后晒破脸。

月牙儿立，雨水稀；月牙儿躺，雨水广。

拉磨雷，紧防吹。

盐罐儿潮，雨来到；盐罐儿干，离雨远。

七阴八下九不晴，初十睡到大天明。

八月十五阴一阴，正月十五雪打灯。

人黄有病，天黄有雨。

立冬无日头，春天冻死牛。

小雪雪满天，来年是丰年。

早立秋冷飕飕，晚立秋热到头。

大雨看三十，小雨看初一。

农时农耕

过了惊蛰节，耕地不能歇。

土旺种胡麻，七股八柯杈。

头伏荞，二伏菜，三伏里头种花芥。

谷雨加土旺，莜麦胡麻一齐扬（播种）。

针扎的胡麻卧牛的茬，秫秫地里驴打滚。

麦倒没面，荞倒一石。

一年失了农，三年不如人。

一亩园，十亩田。

麦是耕功荞是粪，秋田不锄不要种。

三年不倒茬，地里白没啥。

四月半，麦穗乱。

七月半，糜谷出穗乱。

黄八成，收十成；黄十成，收七成。

白露早，寒露迟，秋分种麦正合适。

深谷子，浅糜子，胡麻种到浮皮子。

椿树叶子扬，地里种高粱。

菊花遍地黄，户户种麦忙。

要吃白面馍，种到泥窝窝。

麦苗拔节四月八，谨防天变黑霜杀。

秋分的糜，寒露的谷，霜降过了拔萝卜。

麦怕胎里旱，洋芋怕水淹。

庄稼不认爹和娘，深耕细作多打粮。

三分耕种七分管，装进口袋才保险。

雪盖小麦三层三，来年白面堆如山。

白菜不怕雨涝天，栽葱不怕天干旱。

麦有八十三（八月、十月、三月）场雨，确保丰收是定的。

歇后语

谐音

五月五拔蒿子——为艾（爱）哩

墙上挂碾盘——石（实）画（话）

拾了个锥子——认了个针（真）

二月里的萝卜——少窖（教）

老鼠啃碟子——口口是瓷（词）

枣胡儿改板——没多两锯（句）

茶壶里煮扁食——有嘴倒（道）不出

灰圈门上的口袋——屎（死）装

上鞋不用锥子——针（真）好

小孩穿袍子——大腰（摇）大摆

染坊家穿孝衫——难见青（清）白

皮袄披在狼身上——装羊（样）

木勺子掉在井里了——不沉（成）

推义

马尾穿豆腐——别提了

哑巴吃黄连——苦在心里

牛皮灯影子——由人捉

老扫帚闩门——股数稠

竹箩当锅盖——心眼多

尖嘴骡子卖驴价——坏在嘴上

掮皮骡子摇尾巴——周身毛病

老鼠舔猫须——没事寻事

磨头里打狗——等住了

高粱饭里的辣子——吃出来了看不出

麻杆子打狼——两怕

木匠的斧头——偏刃子砍

头上戴袜子——脸上抹不下来

正月十五贴门神——迟了半月

老鼠拉锨把——大头儿在后头

老鼠拉秤砣——塞住了窝门

戴的草帽搭的伞——二凉

猪八戒照镜子——后悔一辈子

鸦儿笑老鸹——一般黑

千里马推磨——大材小用

阿公背上媳妇子朝华山——傻力出了落了个倒猪名

羊群里的驴娃子——数你大

袖筒里筒棒槌——直出直入

豆腐里的刀子——软鬼

麦芒遇锥刃——尖尖对尖尖

风匣板做锅盖——受了冷气受热气

老鼠钻进风匣里——两头受气

寻着和尚卖梳子——不看对象

当河的砾石——众人踩

关山沟里的包子——放臭了是麦客子的

两口子碾场——摊下了

涝坝里泡馍——汤大了

聋子的耳朵——摆设

偷的馍馍门背后吃——自哄自

月娃子捉长虫——晓不得害怕

槽里没马驴支差——顶数儿

辫子上绑辣椒——抡到哪红到哪

砂锅里踏蒜——一锤子买卖

豆芽儿拌粉条——里勾外连

猪八戒卖凉粉——凭人品还是凭调料

荞皮子打面糍——不糍

炒面捏娃娃——熟人

扁担量绸子——各划各账

麦秆上睡觉——细人

上房屋里打伙计——太“体面”了

关山顶上的鸽猴——陕甘两省的缺物

提上杵子捣月亮——摸不着高低

将针钓斧头——以小换大

孙猴子提书笼——好规矩的学生

老虎吃天爷——没处下爪

名人与名镇

陇城自古人才辈出。汉代有玄德先生郭荷；晋有建立大成国的李特、李雄；南北朝有建立后凉政权的吕光；唐有宰相权德舆；明有三品右副都御史张锦、山东布政司张潜；清有丰都县知县、翰林院编修李谦，被授予“万民伞”的河南嵩县知县彭绳祖，支持邓宝珊伊犁起义的协台姜国盛等。中华人民共和国成立后，陇城人在各行各业都有不凡表现，涌现出一大批先模人物。

人物传略

郭荷（生卒年不详） 字承休，略阳（今甘肃天水秦安东）人，祖辈研究教授经学。郭荷少时博览群书，尤精于史学。州郡多次请其出仕，他都一概拒绝。西晋永嘉五年（311），朝廷内乱，郭荷抛弃家业到河西避难讲学，消息传开，河西学子纷纷投拜于郭荷门下。河西名士郭瑀等成其入室弟子。前凉张祚派遣使者用豪华车驾和丰厚礼物请他任博士祭酒，遭到拒绝，使者逼迫，无奈应召。可是到了都城姑臧（今甘肃武威），郭荷仍不去应职，一再上书请求回家。张祚见他无心留在都城，便答应其请求，派车驾将其送回“张掖东山”。郭荷84岁逝世，谥“玄德先生”。

李特（生卒年不详） 字玄休，祖巴西宕渠人，后迁天水略阳。西晋元康六年（296），关中饥荒，疾疫流行，关陇氐羌民众推举齐万年举兵起义。天水、略阳等六郡百姓沦为流民，入川者十余万人。李特也随流民入川并得到西晋统治者认可。永康元年（300），李特入蜀后，朝廷以李特等讨伐赵廞有功，封其为宣威将军、长乐乡侯，李特弟李流为奋威将军、武阳侯。此时，罗尚等西晋地方统治者担心流民剽悍而蜀人懦弱，客主不能相制。为防止流民为乱，强迫流民限期当年七月还归故地，并派广汉太守辛冉催遣流民。辛冉性情贪婪暴敛，欲杀流人首领，取其资财，强行遣返。又令梓潼太守张演于每个关口，搜刮财物。散落在梁、益二州的流民，贫困交加，人人怨恨，难以返回。其时，天降大雨，五谷未收，流人行无所资，多次请求放宽归期，却遭到拒绝。

在留也不可走也不能的绝境中，流民推李特为首领。李特自称使持节、大都督、镇北大将军。与蜀人约法三章，“施舍振贷，礼贤拔滞，军政肃然”。得到蜀中百姓的拥护，当地百姓作歌谣曰：“李特尚可，罗尚杀我”。罗尚陷入被动，西晋河间王司马颙急发兵援罗尚，分兵3路围攻李特。李特沉着指挥，大破3路围兵，巴西郡也归附李特。

太安元年（302），李特建立流民政权，自称益州牧，改年建初，大赦其境内。李特乘胜攻破罗尚水军，进而攻入成都城，蜀郡太守徐俭以成都小城降，李特任李瑾为蜀郡太守，并安抚城中百姓。罗尚据守成都大城。蜀中战乱不断，百姓依附李特，结为村堡以自保。益州从事任明认为百姓流离，有机可乘，与罗尚密谋离间百姓，内外夹击李特。

太安二年，晋惠帝命荆州刺史宋岱、建平太守孙阜率兵前来解救罗尚。孙阜兵至德阳，李特遣李荡督李璜协助任臧出兵阻挡。罗尚抓住李特分兵出击这一机会，率大军袭击李特大营，连战二日，特军大败。罗尚引军故意而还，李特不知有诈，出兵追击，转战三十余里，罗尚出大军反击，李特军败，与部将李辅、李远被罗尚俘获，斩首焚尸，传首洛阳。

李雄（273—334） 字仲俊，李特第三子。西晋建武元年（304），在诸将拥戴下，李雄自称成都王，大赦境内，一方面，废除晋法，与百姓约法七章，安抚流民，恢复生产；另一方面，任命文武百官强化政权建设。永兴三年（306）范长生劝李雄即帝位，遂取国号大成，改元太武，建立成汉政权。

玉衡年间，李雄能“虚己爱人，授用皆得其才”。厚待各族首领，“兴学校，置史官”致力于发展地方教育，轻徭薄赋，发展生产。善于纳谏，闻过则改。境内安逸，国强地广，进入鼎盛时期。成汉玉衡二十四年（334），李雄病逝，时年 61 岁，在位三十年。

梁平老（？—372） 略阳氐族。前秦宗室苻坚当时以其有王佐之才，倾心与其结交。寿光元年（355），苻生继位为帝，以梁平老为特进、领御史中丞。苻生酗酒怠政，滥杀大臣 ，梁平老劝颇有众望的苻坚趁早取而代之，并得苻坚认同。寿光三年，苻坚与其兄苻法发动政变废苻生，自称天王，以梁平老为尚书右仆射。

甘露元年（359），苻坚以梁平老为使持节、都督北蕃诸军事、镇北大将军。镇守北方，防御匈奴、鲜卑族的侵扰。不久，再加开府仪同三司，封朔方侯。咸安二年（372），梁平老在任内去世时，已驻北方十三年，当地鲜卑及匈奴人即敬惮亦爱戴他，苻坚谥其为桓侯。

吕婆楼（生卒年不详） 氐族，十六国时秦州略阳（今陇城镇）人。据《晋书》载：“王猛、吕婆楼、强汪、梁平老等并有王佐之才。”永和七年（351），苻健自称天王，建立前秦政权，任命吕婆楼为散骑常侍。永和十二年，苻健去世，其子苻生继位，任命吕婆楼为侍中、左大将军。升平元年（357），苻坚杀苻生继任前秦君主位，任吕婆楼为司隶校尉。吕婆楼趁机力荐王猛，称王猛有济世之才，并邀其出山。在吕婆楼、王猛辅佐下，前秦得以统一北方。

权翼（生卒年不详） 字子良，十六国时秦州略阳人。为人多谋略，有佐才。初为羌人豪强姚襄部参军，后被前秦龙骧将军苻坚纳为部属。苻生继位，凶残暴虐，权翼劝苻坚取而代之，以顺天下人心。苻坚以权翼为谋士，杀苻生继位，任权翼为给事黄门侍郎，与中书侍郎王猛、薛讃共掌机密。苻坚善纳权翼等人谏言，使前秦呈现出一派兴旺复兴之势。后权翼升任左仆射，封安丘公。

太元七年（382）十月，苻坚集群臣商议攻晋。权翼分析形势，认为不可。次年，苻坚力排众议，决意伐晋，结果大败。还军途中，时任“冠军将军”的前燕旧将慕容垂以安抚河北为名，向苻坚提出分兵镇守河北。权翼洞察其有异心，劝苻坚勿使慕容垂往镇，而应派亲嫡之将驻守，不可任其所欲，遭苻坚拒绝。权翼再劝苻坚勿重信小人而轻社稷，并预料慕容垂此去，关东必然大乱。苻坚再次拒绝，命慕容垂镇守河北。数月后，慕容垂即在荥阳（今河南荥阳）称燕王自立，建后燕国。权翼晚年在苻坚朝中，可谓敢于直谏的诤臣。

吕光（337—399） 字世明，十六国时秦州略阳人，氐族，吕婆楼之子，十六国时期后凉政权的创立者。自幼学习军事，10 岁时玩游戏战阵法，常被推为主。20 岁时被推荐为贤良，担任美阳令，后升为鹰杨将军。曾随王猛对外征讨，以作战勇猛，深得苻坚、王猛赏识，封为都亭侯。武帝太元五年，在平定并州张平、秦州苻双、豫州苻皇、河北符洛的反叛中，屡建战功，被封为破虏将军、骠骑将军。

武帝太元七年，苻坚授命吕光为使持节、都督，统领精兵 7.5 万人，出征西域。从长安出发，经过河西走廊，出玉门关，入西域。所经之国，无不降服。太元八年，淝水之战苻坚被杀。太元十一年，吕光自称大都督、凉州牧、酒泉公。随后东征西讨，定张掖，克酒泉，取枹罕，建都姑臧，国号凉，年号太安，史称后凉。不久，吕光又称三河王，改元麟嘉，再称天王，改元龙飞。

后凉建立后，吕光在政治上以严刑重律维护统治，失去河西人民支持。吕光不注重发展农业生产，任意掠夺，迁徙农业人口，造成生产失调，粮食极度困难；不重视儒学，导致后凉政治愚昧落后，野蛮残暴。吕光在位十年，年 63 而卒。

吕纂（？—402） 字永绪，是吕光妾所生长子。少年时熟悉骑马射箭，喜爱鹰、犬。苻坚称王时，吕纂进入太学，不喜欢读书，只结交公侯，以声乐为业。

吕光死后，吕绍即位。打算封吕纂为中宗。吕纂得知，连夜率领将士数百名，攻进北城，吕绍自杀。吕纂在隆安四年（400）僭即后凉天王位，大赦境内，改元为咸宁。

吕纂又乘机打败吕弘，掌握军政大权。吕纂经常游玩，打猎无度，日夜沉溺于酒色，少理朝政。元兴元年（402），吕纂与吕超、吕隆等一起宴饮，吕纂大醉，吕超与其哥哥吕隆乘机合谋杀吕纂。吕纂在位三年。

吕隆（？—416） 字永基，吕光弟吕宝之子。英俊魁伟，喜骑马射箭。吕光末年，任北部护军，略经显位，较有声望。

吕纂死后，吕隆即后凉第四任王位，于东晋安帝元兴元年改元为神鼎。吕隆即位后，大肆杀害豪强贵族，以树立自己的威望，朝廷内外不得安宁，人心难以稳定。将军魏益多收买人心，密谋杀死吕隆、吕超，不慎泄密，魏益多被杀，受牵连而被杀有300余家。于是大臣们请求与后秦姚兴通和，吕隆投降，担任使持节、镇西大将军、凉州刺史、建康公。后姚兴遣将去姑臧迎接吕隆，至长安，任散骑常侍。后秦永和元年（416），吕隆参与姚兴儿子姚弼谋反事件，为姚兴所杀。

吕他（？—402） 略阳人，氐族。后凉吕光之子。在河西曾任左将军，吕光建后凉封为巴西公公。

吕他为吕氏后凉政权的宗族武将。淝水之战后，北方陷入割据纷争。吕光死后，诸子争位攻杀，后凉国势衰落。《晋书·姚兴记》载，后秦姚兴派兵攻打河西吕隆。姚硕德、姚穆兵到姑臧大败吕隆，俘获斩首1万人。吕隆派遣吕他等人率领2.5万人，前往东苑投降。姚兴迁河西豪强万余户于长安，吕他迁居关中。任后秦幽州刺史。弘始四年，吕他死，葬于长安北陵。

权德舆（759—818） 字载之，天水略阳人，为陇上名宦望族。自幼聪明异常。15岁即著文数百篇，编《童蒙集》十卷，颇负声誉。唐德宗建中初，受辟为河南黜陟使韩洄从事，官试秘书省校书郎。贞元初，任江西观察使兼判官，迁监察御史。唐贞元八年（792），杜佑、裴胄两人推荐权德舆的表奏同日送至京师，德宗皇帝素闻其名，任太常博士，后转左补阙。

贞元八年，关东、淮南、浙西20余州县发生水灾，坏良田庐舍、湮杀人，权德舆即上《论江淮水灾》疏，建议德宗皇帝派遣能干的使臣赶赴灾区，救济灾民，并提出“赋取于人，不若藏于人之固也”的主张，以减轻灾区人民的赋税。

贞元八年七月，司农少卿裴延龄因巧幸恃宠，被授权管理国家财政，权德舆知裴延龄有弄虚作假的贪污不廉行为，先后两次上书德宗，大胆揭露其贪腐行为，义正词严地反对裴延龄担任该职。贞元十年，权德舆转起居舍人，知制诰。

贞元十八年，以中书舍人典贡士，后拜礼部侍郎，再转户部侍郎。唐元和初年（806），历兵部、吏部侍郎。在此期间，权德舆大力选拔人才，主张“育才造士，为国之本”，举贤类能，不管门第等级，只要有才有德，一律任用，并反对徇私舞弊。权德舆曾3次典士举，为国家选拔众多人才。

贞元十九年，关中大旱，田地干枯，农收无望。而德宗只忙于求雨，告宗庙、祷天地。权德舆再次向德宗建议，下诏各县裁留经费，救济灾民，并免除当年租赋及往年负欠，以便百姓重建家园。

元和五年，宪宗皇帝欲任独霸一方的军阀王锷为相，权德舆与朝中白居易、李绛等人上疏反对。

运粮使董溪、于皋谟盗用军费，案发后，流放岭南。但行至中途，唐宪宗又密令宦官赶去将两人杀死于流放途中。权德舆闻讯立即上疏，明确指出宪宗朝令夕改，不书明刑的错误之举。权德舆以“陈说谋略多中”拜礼部尚书，同平章事，任宰相，参与朝政。元和八年，被罢相，以检校吏部尚书留守东都。复拜太常卿转刑部尚书，后出镇山南西道节度使。

元和十三年，因病求还，卒于途中，时年60岁。赠左仆射，谥“文”，后人称权文公。

权璩（生卒年不详） 权德舆之子，字大圭。唐宪宗元和初年考中进士，曾任监察御史。权璩与舍人高元裕、给事中郑肃和韩佽等人接连上疏，弹劾李训奸诈多变、阴险狡猾，不宜担任翰林侍讲，出入宫禁之中，未被采纳。李宗闵被罢去宰相后，权璩多次上书为其辩解，为此被朝廷贬为阆州刺史。唐文宗同情权璩的母亲有病而无人侍奉，改任郑州刺史。“甘露事变”[①] 中，李训被杀，很多人都说权璩能分清祸福、明辨大体，传承其家风。

王恕（生卒年不详） 明秦州秦安陇城镇张湾村人。明永乐元年（1403），以才能授任阳卫知事，后晋升为府军右卫经历。后王恕被命督修皇城，成祖皇帝巡城察看，认为王恕办事认真，老练持重。皇城竣工后，擢升王恕为浙江道监察御史，巡视广西，晋升

① 甘露事变：唐大和九年（835）十一月发生的一次政变，宦官势力得胜，朝廷中许多官员被杀。

云南按察司佥事。在职期间，以魄力著称。

张锦（1439—1501） 字尚䌹，号松壑，陇城镇部阁堂村人。张锦少时，家境贫寒，初读私塾，刻苦认真，不畏寒暑。时陇城镇清水河北有一龙泉寺，与张锦住处隔河相望。张锦深居寺庙，勤而不辍。游邑学时，“有邀饮者，则割衣袖之半以拒之”。终日粗食白水，不畏贫困和寒暑，人们交口称赞。

明成化五年（1469），张锦中进士，授刑部主事员外郎、郎中。时逢京郊灾荒，张锦奉命赈济，平价调剂仓粮，劝导百姓互贷，施粥于民。成化七年，锦衣卫诬陷数千人为盗，方山王府有大狱不能判决。张锦奉命审治，是非一一澄清，冤案者得到平反，荣升大理寺丞少卿。明宪宗知张锦有才，下旨审治凤阳狱案，张锦到任，明判公决缴旨，宪宗甚喜，又复命审理岷襄二王府讼事，又得明断，遂提升为都察院右副都御史，巡抚宣府。

张锦任保定巡抚时，以敏捷和智慧称著。他秉公办事，极力弹劾、罢免内官及武将中不称职者。朝廷倡导兴儒学，宣府地方积极响应，张锦上疏请求重建卫学，在偏远地区创学田制，并主持修复因战争而毁坏的龙门卫儒学和万全左卫儒学。亲自过问儒学教育，命题考试学生。有王公贵臣贪赃数万，被御史所弹劾，张锦不畏权势，正气凛然，将贵臣从严判处，受到朝野赞赏，晋升为刑部右侍郎。

张锦为官多年，仕途坎坷，他谨记其父训诫，每到一地，都清正廉洁，秉公执法，治狱明恕，甚有政声，堪称一代良吏。

晚年辞官归里，逝后，朝廷赐葬于陇城镇剪子山麓。为纪念他，里人以“部阁堂”为村名。著《松壑小藁》《宣政录》等行世。

张潜（1472—1526） 张锦长子，字用昭，号西溪，一号东谷子。潜为生而聪颖灵秀，八九岁时，能日记数千言，口占诗句，应答如流。十一二岁时，弄笔为文，口吐奇语。

弘治九年（1496），中进士，授户部主事，后升礼部员外郎、郎中。当时，太监刘瑾专擅朝政，权倾天下，张潜不与交往，卓尔不阿。正德八年（1513），升广平府（治所在今河北省邯郸市永年县）知府，迁山东布政使司右参政。正德九年，因不满官场的诬陷中伤，愤而辞官告归。张潜风流蕴籍，善吟咏、篆书，被陕西督学杨一清赞为“关中三才子”之一。嘉靖五年（1526）正月，其子张之渠英年早逝，张潜悲伤过度，半年后亦卒，享年55岁。流传诗作有《伏羲卦台》《渭水秋声》等。

张之渠（1495—1526） 字仪正，张潜之子，嘉靖元年壬午举人。张之渠幼年聪明过人。与老少相处，不轻易言笑，凡言谈问题，非追根究底不可。年十五自将外出拜师访友，其祖父卒于华阴。父忙丧事，未及关顾子之学业，而之榘竟然拜见父亲，请教学习，连日不断，声名远扬。正德七年，娶状元康海女为妻。正德十三年，参加乡试，中举人。

嘉靖二年，张之榘母患病日久，其四处求医问药，侍奉母亲。嘉靖三年正月，母亡故。张之榘悲哀伤痛，三天之内粒米未进。出殡安葬后，在坟头盖茅屋、用瓦器、枕土块、跪进食，为母守墓，孝行传遍乡里。

翌年，张之榘因受墓地风寒患病，亲戚朋友劝其回家服药调养，他不肯听从。嘉靖五年，张之榘亡故。是年十月二十日，张之榘葬于其母墓旁。著有《言志集》。

张光孝（生卒年不详） 生于正德十四年，字惟训，号左华山人，又号岳泉，一号瓜张，张锦曾孙，张之榘之子。张之榘去世时张光孝年方 7 岁。张光孝相貌丰厚奇伟，文品无双。嘉靖二十五年考中举人，以后累试不第。40 岁时被授予河南西华县知县。隆庆二年（1568），张光孝改修西华县城为砖城，减轻了水害。西华县有一姓王的读书人，被诬告成罪。张光孝竭力为其辩冤，该案得以平反，受到上司忌嫉。隆庆五年，他因得罪上司被借故罢职回乡。

张光孝归乡后，绝意仕途，潜心著述。他一生著作颇丰，著有《华州志》《西渎大河志》《三边人物列传》《理学明臣传》《左华集》《癸未集》《辛未集》《丙子集》《辛巳集》《拟古乐府》《庾亭记事》等。

赵衍序（？—1828） 字子蕃，清陇城镇娲皇村人，曾署长清、利津县知县。

嘉庆年间生员。先世均习儒学，祖父念普。赵衍序少时好学，性格恬静淡泊，品行端正，在家族诸生中出类拔萃。平时自勤自厉，不妄交友，以忠孝节义为立身之本，深受邻里敬服。

时有川匪闹事，窜至陇城，赵衍序训练民团乡勇，保固邻里，因协助剿匪有功，赏六品顶戴，议叙以正八品用。道光元年（1821）四月，赵衍序任山东长清县（今济南市长清区）县丞，驻张夏驿。深入民间，听诉讼，除陋规，捐俸修葺官署。常着布服，骑毛驴，访贫问苦。赵衍序在奉命编查户口时，亲自深入偏远农户，乡民争相迎接引路，没有出现隐瞒自家人丁的家户。他贫而好义，为张夏仓捐谷二十石。道光八年春，奉命押解布匹进京，布匹淋雨，多有损坏，他倾囊赔偿，仍不足，靠借贷才得以交差。回到山东就卧病不起，数日后卒。无资入殓，长清知县舒化民等捐资安葬。

李谦（1789—1845） 字㧑之，号挹谷，清陇城镇人。少以文见长，经学渊博，名闻关陇。嘉庆二十五年（1820）中进士。道光十三年，任四川丰都县（今属重庆市）知县。丰都依山面水，盗贼出没，民风强悍，素称难治理之县。李谦上任后，杀一儆百，制订乡规民约，四境肃然。公务之余，亲自督查学习，教诲诸生，学风大变。光绪《丰都县志》记载，李谦制订考核办法，"崇奖士类"，又"增置书院膏火、田亩"。丰都有"鬼城"之称，县有城隍山，好事者附会《山海经》疑文，称丰都是鬼都，其神掌人之生死。百姓趋之若鹜，前来进香船舶接连不断，男女杂错，有不法之徒潜藏船内，为风俗之害。李谦不被谣言所迷惑，决然禁止，晓谕远近。道光二十二年，以母老乞养，归籍。居家三年，于道光二十五年卒，享年56岁，葬百顷塬，晋赠奉政大夫。

彭绳祖（1793—1878） 字觐堂，一字武亭，陇城镇凤尾村人。苦学自励，六岁就能过目成诵。道光五年，乙酉科拔贡。道光十二年，中壬辰科举人。因家贫，道光十九年彭绳祖设馆于陕西邠州三水县（今陕西省旬邑县）唐氏家塾，两年后辞馆，赴京参加辛丑科会试，下第后，又两上春官，均不利。丁未科落第后，复至唐氏家塾执教。咸丰三年（1853），彭绳祖中癸丑科进士，名列第三甲98名。咸丰十年，任河南嵩县知县，捐养廉银修县城。捻军围城，绳祖守御，昼夜不懈，县城遂转危为安。以军功保奏，加运同衔，以直隶州用。离任时，嵩县士民攀辕走送数十里，并敬送"万民伞"。咸丰十一年十一月，补授河南南召县知县，政声益著。同治四年，彭绳祖年近七旬，辞官归里。

彭绳祖善书法，以楷书名。其作品意蕴深厚，有精研古拙之特色。传世墨迹有条幅"东壁图书西园翰墨，南华秋水北苑春山"等。

王明（1834—1895） 字晓峰，陇城镇张湾村人，廪生。初赴秦州应考落榜，畏惧其父平日教育甚严，不敢回家，孤身寄居天水城南一冷落寺庙中。三年后考中庠生。在友人的帮助下开馆教书，于是有大户人家子弟相继入馆上学。所教学生数十人，名者有进士刘永亨等。王明在秦州深受世人敬仰，后卒于秦州，年六十有余。弟子刘永亨等114名授业学生哀痛营葬，并于光绪二十二年春三月立石铭德。

姜国盛（1850—1923） 字春岩，幼名宝石，清陇城镇西关村人。同治六年，左宗棠部参将洪瑞到陇城征兵，姜国盛少年入伍，被收为随身马弁，后因有战功升为游击，驻防山西雁门关。光绪元年，清政府调左宗棠任陕甘总督，姜国盛任陇西统领。尔后，姜国盛随刘锦棠、董福祥入新疆参加平息阿古柏之乱，痛击俄英帝国主义对新疆的侵略，因战功卓著，升任喀什葛尔协台，后调伊犁。宣统元年（1909），曾回家祭祖，探望乡邻亲友，深受乡人赞誉。1911 年，辛亥革命风暴席卷全国，当时伊犁军内的同盟会会员邓宝珊策动起义，得到姜国盛的支持与帮助。1912 年，伊犁起义成功后，姜国盛整编所统旧部，仍驻防伊犁，后调石河子等地，在国民军中任职。1923 年，病故于任上，享年 73 岁。

彭绵宣（1860—1949） 字飏生，清光绪举人，陇城镇娲皇村人。民国时曾任秦安县第二区区长、县候补知事。清水河每逢雨季常泛滥浸城，1918 年，彭绵宣动员民众捐资捐物，组织万余人次改河筑堤，在残存“严公堤”旧迹处修筑河堤数百米。筑堤期间身先士卒，扛锹光脚立于泥沼中劳作。之后，又在堤内外夹植黄杨和榆柳，植雨竹于城根河滩，堤益坚固。还在堤高处修数椽凉亭，为修堤时休息之所，落成时亲书额匾曰“严亭”。

1926 年，国民军某部驻防陇城，有两个士兵在北城门外高家店因斗殴开枪打死一人，军方诬陷是店家所为，自卫队逮捕了店主和乡邻多人。彭绵宣立即赶往县衙向县长呈述，在其义正词严的争辩下，事实最终真相大白，所押百姓均无罪释放。1928 年农历十一月五日，马顺军侵犯陇城一带，当地民团进行抗击，有民团 17 人在莲花一战中阵亡。彭绵宣组织当地绅士富户，埋葬死者，慰抚家属。彭绵宣善书法，其笔法隽秀，流畅飘逸，雄健质朴，布局醒目，落款洒脱。作品以中堂、对联、四条屏为主，是民国时期秦安县著名书法家之一。

张之亮（1904—1989） 字维熙，秦安县陇城镇部阁堂村人。1929 年，因饥饿，村民纷纷外出逃荒，张之亮随逃荒的村民到西安一家磨坊当小工。一次偶然的机会张之亮被带进一位老中医的药房，开始了他的学医生涯。1947 年，应聘到甘肃省立工业学校任校医。1952 年，调到兰州女师任教，并兼任兰州市第二联合诊所医生。1956 年，调甘肃省中医进修学校（后改名甘肃省中医学校）。在长达 30 年的教学生涯中，张之亮培养出大批中医专业人才，为甘肃中医事业的发展做出重要贡献。除在学校任教外，他还接待慕名求医的患者，应邀到外地讲学和兼课。与人合编的《新编中医入门》一书重印数次。先后发表《对无黄疸型传染性肝炎的认识和治疗》《慢性咳嗽治疗点谈》等论文，编写《金匮浅释》书稿一部。同时，与李子质合作摘编中医临床参考资料百万余字。张之亮还潜心于书法研究，所写行草隶篆，功底深厚，多次参加甘肃省书法大展。1986 年 7 月，退休。

李永卿（1926—2001） 陇城镇王李村人，中共党员。1958—1984 年，曾任王李大队党支部书记、革委会主任、陇城公社党委委员、秦安县革委会副主任（不脱产），天水地区党委委员，政协秦安县四、五、六届委员，秦安县第八、九、十、十一届人民代表大会代表、人大常委会委员，第四届全国人民代表大会代表。李永卿任大队党支部书记、革委会主任期间，带领王李大队改土造田，成绩突出，该大队曾被甘肃省树为“农业学大寨”的样板。甘肃省革委会、兰州军区曾发出“学大寨，赶王李”的号召。李永卿曾多次受到省、市、县表彰奖励。1969 年 10 月 1 日，李永卿出席中华人民共和国国庆 20 周年观礼，受到党和国家领导人接见。

常俊杰（1934—2009） 又名三奇，陇城镇常营村人。1951 年，参加中国人民志愿军并入朝作战。1956 年，转业到地方，先后在兰州电机厂、甘肃省水利厅机械队等单位工作。20 世纪 60 年代，曾获“天水地区农业战线标兵”称号。1987 年，组建秦城打井队，任队长、高级工程师。1970 年，常俊杰为张家川钢厂寻源打井成功，受到甘肃省委表彰，被评为省级先进工作者。1982 年，为天水造纸厂先后打井 3 眼，出水量 15000 立方米。1995 年，常俊杰带领打井队为北道区（今天水市麦积区）打井 10 眼，对最贫困的渭红村、水泉村等 4 村进行无偿扶助，70 多万元的工程费只收 17.7 万元，当地百姓感激万分，以“世代铭恩”匾相赠。常俊杰心系社会，不忘桑梓，先后为陇城学校、医院、敬老院等捐助资金 200 多万元。

常俊杰在朝鲜战场上 5 次受到中国人民志愿军总部的嘉奖。20 世纪 60 年代，被树为天水地区农业战线标兵。此后，还多次被评为省、地（市）先进个人。

名人与陇城

陇上壮士陈安 陈安（？—323），北朝时期秦州略阳（今甘肃天水秦安陇城）人。陈安原为南阳王司马模帐下都尉，官关中。西晋建兴三年（315），陈安投奔时在秦州（今甘肃省天水市）的司马模之子司马保。司马保十分宠信陈安，待其优厚。命陈安驻军陇城，后任讨虏将军。

西晋太宁元年（323），刘曜亲自率兵围陈安于陇城，陈安兵败。出奔陕中，刘曜派兵追击，陈安率部下七十余人奋战，兵败被杀。陈安不但英勇无敌，而且优待将士、体恤士兵，及死，陇上人思之，作《陇上陈安歌》歌颂之。

刘曜听到后也十分感伤，故命乐府谱曲传唱。后来唐代诗人李白也作诗《司马将军歌（代陇上健儿陈安）》赞美陈安。

元好问父子与陇城 元格（？—1210），金忻州秀容人。金明昌五年（1194，）任掖县令，后官冀州县令。金泰和三年（1203），任陵川县令。泰和八年，任陇城县令，兼任凤翔府路第九处正将。次年，陇城遭特大暴雨，河水泛滥，毁伤陇城城，元格督民众补修城池。大安二年（1210）春，元格身患鬓疽，其嗣子元好问一直守在其身边侍奉，因医治无效病故，赠明威将军。

元格病故后，元好问扶柩回忻州故里。多年后，元好问作《十一月五日暂往西张》一诗，表达其对父亲及陇城的怀念。

元好问（1190—1275），字裕之，号遗山，金代著名文学家、诗人、历史学家。出生 7 个月过继给其二叔父元格，元格携子宦游四方。元好问在《南冠录引》中称元格为“陇城府君”。

牛运震（1706—1758） 字阶平，号真谷，山东滋阳（今山东兖州市）人。雍正十一年（1733），选授秦安知县。上任 3 个月即将累积多年的案件审理完毕，平反许多冤案。乾隆四年（1739）春，创办陇川书院，挑选聪慧子弟入学就读，余暇亲自给学生授课，一时学风渐起，人才辈出。后兴利除弊，整编保甲，废除苛捐杂税，革除了许多加重百姓负担的陈规陋俗。亲撰禁陋规碑碑文九章，勒于县署门前，永禁巧立名目向百姓要钱；重视农业生产，兴水利。乾隆五年，治理陇水（葫芦河），北自安家川，南至王家峡，顺河开凿 9 条渠道，万余亩土地得以浇灌。

乾隆九年，牛运震离任，秦安各界人士送行者近万人，置酒席饯行。许多人跪哭挽留，呼为“牛爸”。乾隆二十三年，病殁于老家。每逢祭日，秦安人设坛向东致祭。

严长宦改河护城 严长宦，字淡庐，江西零都县人，进士。清道光十五年任秦安知县。道光十年，陇城北山再次崩垮，山逼清水河，水逼陇城城，因历年受河水侵袭，其城一半已被水冲毁。道光十七年，秦安知县严长宦五令民众挖道改水归故道，筑护城堤，夹堤植树，颇为坚固，民众称河堤为“严公堤”。民国年间张敏行撰《严亭序》以资纪念。

蜡花舞

艺文

诗歌、碑文、墓志、散文、楹联是历史留给陇城的宝贵财富，也是陇城作为中国历史文化名镇的重要内涵。其内容丰富多彩，包括宰相、状元、进士、举人、秀才、教授、普通民众的作品，展现了陇城深厚的历史文化积淀。

诗歌

女娲赞

〔魏〕曹植

古之国君，造簧作笙。
礼物未就，轩辕纂成。
或云二皇，人首蛇形。
神化七十，何德之灵。

陇上为陈安歌

〔东晋〕民歌

陇上壮士有陈安，躯干虽小腹中宽，爱养将士同心肝。
騙骢騣马铁锻鞍，七尺大刀奋如湍，丈八蛇矛左右盘。
十荡十决无当前，百骑俱出如云浮，追者千万骑悠悠。
战始三交失蛇矛，十骑俱荡九骑留，弃我騙骢窜岩幽。
天大降雨追者休，为我外援而悬头，西流之水东流河。
一去不还奈子何，阿呼呜呼奈子何，呜呼阿呼奈子何。

杂歌谣辞·司马将军歌（代陇上健儿陈安）

〔唐〕李白

狂风吹古月，窃弄章华台。
北落明星动光彩，南征猛将如云雷。
手中电曳倚天剑，直斩长鲸海水开。

我见楼船壮心目，颇似龙骧下三蜀。
扬兵习战张虎旗，江中白浪如银屋。
身居玉帐临河魁，紫髯若戟冠崔嵬。
细柳开营揖天子，始知灞上为婴孩。
羌笛横吹阿亸回，向月楼中吹落梅。
将军自起舞长剑，壮士呼声动九垓。
功成献凯见明主，丹青画像麒麟台。

同王员外陇城绝句

〔唐〕钱起

三军版筑脱金刀，黎庶翻惭将士劳。
不忆新城连嶂起，唯惊画角入云高。

江上闻笛

〔唐〕王昌龄

横笛怨江月，扁舟何处寻。
声长楚山外，曲绕胡关深。
相去万余里，遥传此夜心。
寥寥浦溆寒，响尽惟幽林。
不知谁家子，复奏邯郸音。
水客皆拥棹，空霜遂盈襟。
羸马望北走，迁人悲越吟。
何当边草白，旌节陇城阴。

中秋夜陇州徐常侍座中咏月

〔唐〕无可

陇城秋月满，太守待停歌。
与鹤来松杪，开烟出海波。
气笼星欲尽，光满露初多。
若遣山僧说，高明不可过。

伤张玖秀才

〔唐〕唐求

铜梁剑阁几区区，十上探珠不见珠。
卞玉影沈沙草暗，骅骝声断陇城孤。
入关词客秋怀友，出户孀妻晓望夫。
吴水楚山千万里，旅魂归到故乡无。

初过陇山途中呈宇文判官

〔唐〕岑参

一驿过一驿，驿骑如星流。
平明发咸阳，暮及陇山头。
陇水不可听，呜咽令人愁。
沙尘扑马汗，雾露凝貂裘。
西来谁家子，自道新封侯。
前月发安西，路上无停留。
都护犹未到，来时在西州。
十日过沙碛，终朝风不休。
马走碎石中，四蹄皆血流。
万里奉王事，一身无所求。
也知塞垣苦，岂为妻子谋。
山口月欲出，先照关城楼。
溪流与松风，静夜相飕飗。
别家赖归梦，山塞多离忧。
与子且携手，不愁前路修。

伤温德彝

〔唐〕温庭筠

昔年戎虏犯榆关，一破龙城匹马还。
侯印不闻封李广，他人丘垄似天山。

将至陇城县

〔宋〕文同

数日山林间，鬼眼复倾耳。
烦襟一以换，飘若方外士。
今朝出谷口，已觉俗虑起。
可惜身上衣，斑斑遂尘滓。
回首林下游，何年赤松子。

送陕西提刑陆介夫学士

〔宋〕梅尧臣

轻车驰入关，秋色秦山厚。
太华如相欣，高峰招以手。
千古此路中，岂不名宦有。
何日历陇城，旧羌迎马首。
铜盘荐酥酪，皮服行牛酒。
边风与边月，冷落谙应久。

十一月五日暂往西张

〔金〕元好问

城隈细路入沙汀，絮帽冲风日再经。
歉岁村虚更荒恶，穷冬人影亦伶俜。
林烟漠漠鸦边暗，山骨棱棱雪外青。
四十年来此寒苦，冻吟犹记陇关亭。

秦州三咏

〔明〕张潜

玉泉山

山椒台殿与山齐，萝径透迤独杖藜。
自捣松花供浊酒，共分柿叶写新题。

虹收急雨方回涧，风逐痴云半度溪。
闲步空阶春事晚，飞飞双燕已衔泥。

游玉泉观

郁郁涧底松，隐隐溪上竹。鸟韵和空山，峰峦翠可掬。
尘氛日纠缠，意会乃幽独。洞古日月长，空窗斗牛宿。
吾生其蹉跎，拟访成都卜。但恐真仙人，空飞迹难复。
沧海成桑田，世途嗟翻覆。何以舒我怀，中山酒初熟。

伏羲卦台

高台龙去远，一记祇荒林。俯仰观天地，徘徊慨古今。
机缄两画露，橐龠几人寻。后圣如还作，相传几万心。

陇城雨中即事

〔清〕纪昊

山郡易为雨，河湟便有秋。
野人收燕麦，羌地出犏牛。
红鸟窥笼语，孤猿带树愁。
五原闻暮吹，大半唱《凉州》。

秋雨叹

〔清〕董文涣

入秋淫雨补夏晴，日夜滂沱同一声。蛟鼍平地江河横，床床屋漏愁欹倾，徘徊且向檐楹行。呜呼吾庐尚如此，何况环堵闾阎子！

连旬苦雾八表塞，白日阴欺不能色。陇城秦岭难分开，去马来牛断消息，酒泉战士方挥戈。似此滲淋奈汝何？安得洗甲挽银河？

堤决东郭愁惊湍，念时仰天涕泛滥。鸿雁哀鸣安宅少，鹰隼侧翅高飞难。君不见秋稼如云待登圃，百草犹腐况禾黍，何时泥潦干后土？

碑文

凉飔阁碑记

〔宋〕史之才

四夷之患，犯顺侵轶，其来久矣，虽古圣王不能无虑。我朝龟鉴前弊，安不忘危，命将率遣戍役，讲肄貔虎，丰实储蓄，虽穷陬荒徼，亦扼恃险隘，控压喉襟，置设堡寨，络绎对峙，盖欲广斥候而备不虞也。陇城寨距秦一百二十里，本黠虏鬼留等穹庐所止之地。庆历中，仁宗遣将展拓边疆，自泾原水洛城界，披山刊木，鉏去猾羌，路开坦然，直通于秦，因置寨，设官以治之。时有僧从善者，于寨之东南阜绝顶创葺精宇，以备邑僚行香。又于院之北隅别建一亭，下瞰阛垒，其亭迄今，年祀浸远，栋摧桷衰，将不蔽风雨。一日，知寨狄公偕僚佐因祷于金仙氏，睹是亭，不觉叹息曰："凡物之兴废，由人苟嗣而葺之，则其功易成，其力易集，奈何宰是邑者，惟穷日之力止。"曰："忧公不暇，或廨宇敝漏弗顾畴，能及此耶？"因谕僧云起，俾求化有缘蕃汉子来，材力云萃。因广其基，增之版筑，遂构成一阁，轩楹宏敞，引檐翚飞，周眺云山，景益虚旷。狄公因暇日与宾僚落成，曰："是阁也，材木非珍，俭而有制，因民力而成，且人之或崇一台，或浚一沼，尚寓之名，此独无之，可乎？"客有预坐者曰："公言是也。窃敢议其名以献诸公，曰：'其阁面于北，长风远来'，故《诗》曰'北风其凉飔'者，风之貌，宜目之，曰'凉飔阁'"。公曰："善。"遂揭而题之。夫构是阁者，岂特独乐？其乐以助众人嬉游之乐，然则众人嬉游之乐，何从而至耶？愚窃谓一郡一邑之长在得其人，必曰："号令明，刑赏公，不昵憸人，不虐无告。"呜呼！号令明，则下皆畏肃矣；刑赏公，则法无僭滥矣；不昵憸人，则邪佞退藏；不虐无告，则冤枉澄雪。其和气之来也，犹桴鼓之应，则阴阳调，风雨时，百谷丰穰，群黎康阜，孰不瞻对景物，忻欢以从嬉游之乐耶！此真民之乐而有所至也。陇城寨去岁自夏徂秋，谷麦告成，比秦之他邑实曰丰稔，岂非狄公善治之所及欤！孰曰民之乐无所至耶？之才辱公之请，辞不获免，因直书其事，以志岁月云。

元祐七年岁次壬申四月癸丑朔三日乙卯建

秦安重修文庙碑

〔元〕何鹗

粤天地以位矣，玉烛调而品汇亨。水土既平矣，洛书出而彝伦叙。夫性情之乖戾，由正教以明与，正道之昭彰。匪其文则野与，故天之生圣，作师垂训，标准先民，仪刑亿代。凡有国者尊之为先师，令建庙，郡邑设校乡，遂时而祀之，示不忘本焉。盖敬莫大于致奠，教莫善于崇儒。政教修，人材辈出；风化行，礼义俗兴。曷虑盗迹弗弭，狱讼弗简者乎？矧我天朝敷文治及遐荒，求守令从庶职，立祀尊教，建学育材，海寓润之，英华黔黎，赖之于变矣。按秦州部隶三县，秦安处其一焉，地僻人疏，跂之率枚，谷深山密，鲜洽文化。至正丁亥春，王公从仕来尹是邑，下车之旦，首以学校为务。谒诸文庙，考兹故迹。本县自大德年迄今五十余载，雨朽风摧，靡堪奉祭。陇城亡金大安年竖，惟存塑像，日星弗蔽，公矗然顾谓同列曰："方今承平之世，学校为政之先，若夫是庙勿理，槩知邑政未修，时教弗举者耶？陇城虽非官守，然存旧址，坐视残弊，宜乎？"佥曰："唯唯。"于是输资募匠，群集棐忱。宋粢黝垩，期尔落成。时戊子秋，县乃治其是殿，创之两庑庖与正门。暨维其从像，陇亦整复斯宇，增起前閎，捄之以成墉，艺之以多树。两又会计置其学田，永瞻时用。幸庙貌复新，文府再造，柳浓迎春之色，松茂傲寒之枝。甍闼交辉，而烨一观，殿宇峭拔，景乎一涯！游校士以畅所依，乐新之畛扩所睹，然有补于斯文，庶几炳乎化日。呜呼！昔之为教也，教其所弗能，表立法于万世。后之为学也，学其所有，知著芳业于一时。颙其所教，希以是学孜孜用力于斯，欲俾庠序兴而教化明，人民治而风俗厚。乐泮采芹，讵徒炫觌哉？王公从仕讳思聪，字明夫，清水人氏，由儒业吏，廉介有为，政治之嘉非独于此，其三皇庙洎公廨，葺以轮奂。咸若郡士王浃、王庭柏恳恳求文，固辞不允，敬为之铭曰：斯文不坠，木铎徇行。万邦垂宪，千古道鸣。天开景运，福被苍生。尘清车轨，竹庙列城。历年考远，聩朽还惊。匪材匪德，畴复克成。韪哉秦邑，时际光亨。为政者虑，会卜以营。弗劳民役，栋宇云兴。厥功云卒，格飨惟诚。曰新式廓，宣化益明。勒之翠琰，淬砺群英。

至正九年岁次己丑重阳日立石

西番寺碑记

〔清〕李勉

陇城镇，历代相传为娲皇故里。娲皇姓风，生镇之南，有风台、风茔，其东南又有风谷，盖皆以姓而名地焉。当在战国时，阿育王割据斯地，秦始皇诛阿育王后，凿崄洞于积麦崖。崖在镇之西南，建立庙宇曰无忧寺。陇始入中国，东汉为略阳道，又改为略阳郡。来歙取略阳，斩隗嚣守将金良于野战坡。郡之东十五里为连柯县，其南关今之高庄里。北有山曰王御史山。晋改为略阳县，唐为陇城县，宋为陇城寨，设武弁守之。奈金元兵屡肆骚扰，人尽逃避，而地方遂寥落矣。积麦崖遭火后，仅留残碑一角，失其年号，上有陇城县令陆保字样。明太祖定鼎后人民大集，复成巨镇矣。泰昌间，总制杨公一清设巡检司一员。清乾隆末裁去巡检。

陇城在万山之中，带川百里，自秦汉迄今二千六百余年，为郡、为县、为镇，盛衰屡异而灵秀所钟，代多伟人。前秦有太尉吕婆楼、仆射梁平老、安邱公权翼，三人皆一时硕彦，佐苻坚据略阳，并掌机密。汉有太守锡光，普经学郭整，元德先生郭荷。唐有秘书监权皋，宰相权德舆。司士权达，舍人权据，魏郡守权昙腾，周郡公权景宣。明永乐间御史王恕，德政如柴鲁父子。成化间侍郎张锦。弘治中参政张潜。又如桑世雄三世令尹，广文韩世禄、韩廷献好学不倦。张之榘旌表孝子，赵思普、赵念普纯孝格天。赵衍序清乾隆山东长清县知县，李谦四川丰都县知县，李从简四川洪雅县知县。彭绳祖咸丰癸丑进士，河南南召县知县。彭泳举人，宁夏府教谕。姜国盛光绪年间新疆哈什骑台。今虽人往风微，后之人循其遗迹，睹其坟墓，或经其读书处，莫不低回流连，乐为追述，而以御史名山，部阁堂名地也。

镇之东山有东皋寺，建有娲皇庙。有庙湾寺，明嘉靖时重建。其地北有龙泉寺，即张侍郎读书处也。龙泉山崩，水逼城垣半倾，民舍尽成泽国。清道光中，秦安县令严长宦，饬镇绅筑堤排渠以护城垣。惜未历多年，堤仍为水所毁。镇之西山有西番寺，即积麦崖也。初重建于唐尉迟恭敬德，再建于明洪武十八年。金碧辉煌，光彩夺目者数百余载。同治初，花门煽乱，东西二山庙宇尽毁，今西山仅有子孙宫、北阴宫、顶洞和乐楼，重建于光绪十四年。

光绪十四年八月十五日

墓志

唐故相权公墓碑

〔唐〕韩愈

上之元和六年，其相曰权公，讳德舆，字载之。其本出自殷帝武丁，武丁之子降封于权。权，江汉间国也。周衰，入楚为权氏。楚灭徙秦，而居天水略阳。苻秦之王中国，其臣有安丘公翼者，有大臣之言。后六世至平凉公文诞，为唐上庸太守荆州大都督长史，焯有声烈。平凉曾孙讳倕，赠尚书礼部郎中，以艺学与苏源明相善，卒官羽林军录事参军，于公为王父。郎中生赠太子太保讳皋，以忠孝致大名，去官，累以官征，不起，追谥贞孝，是实生公。

公在相位三年，其后以吏部尚书授节镇山南，年六十以薨。赠尚书左仆射，谥文公。

公生三岁，知变四声，四岁能为诗，七岁而贞孝公卒，来吊哭者见其颜色声容，皆相谓“权氏世有其人”。及长，好学，孝敬祥顺。贞元八年，以前江西府监察御史征拜博士，朝士以得人相庆。改左补阙，章奏不绝，讥排奸幸，与阳城为助。转起居舍人，遂知制诰，凡撰命词九年，以类集为五十卷，天下称其能。十八年，以中书舍人典贡士，拜尚书礼部侍郎。荐士于公者，其言可信，不以其人布衣不用；即不可信，虽大官势人交言，一不以缀意。奏广岁所取进士明经，在得人，不以员拘。转户兵吏三曹侍郎太子宾客。复为兵部，迁太常卿，天下愈推为巨人长德。

时天子以为宰相宜参用道德人，因拜礼部尚书同中书门下平章事。公既谢辞，不许。其所设张举措，必本于宽大，以几教化，多所助与；维匡调娱，不失其正；中于和节，不为声章；因善与贤，不矜主已。以吏部尚书留守东都，东方诸帅有利病不能自请者，公常与疏陈以露布。复拜太常，转刑部尚书，考定新旧令式为三十编，举可长用。

其在山南河南，勤于选付，治以和简，人以宁便。以疾求还，十三年某月甲子，道薨于洋之白草。奏至，天子痛伤，为之不御朝，郎官致赠锡。官居野处，上下吊哭，皆曰："善人死矣！"其年某月日，葬河南北山，在贞孝东五里。

公由陪属升列，年除岁迁，以至公宰，人皆喜闻，若己与有，无忌嫉者。于頔坐子杀人，失位自囚，亲戚莫敢过门省顾，在朝莫敢言者。公将留守东都，为上言曰："頔之罪既贳不竟，宜因赐宽诏。"上曰："然，公为吾行谕之。"頔以不忧死。前后考第进士及廷所策试士，踵相蹑为宰相达官，与公相先后；其余布处台阁外府，凡百余人。自始学至疾病，未尝一日去书不观。公既以能为文辞擅声于朝，多铭卿大夫功德，然其为家，不视簿书，未尝问有亡，费不侍余。公娶清河崔氏女，其父造，尝相德宗，号为名臣。既葬，其子监察御史璩累然服丧来有请。乃作铭文曰：

权在商周，世次不存。灭楚徙秦，嬴刘之间。甘泉始侯，以及安丘。诋诃浮屠，皇极之扶。贞孝之生，凤鸟不至。爵位岂多，半涂以税。寿考岂多，四十而逝。惟其不有，以惠厥后。是生相君，为朝德首。行世祖之，文世师之。流连六官，出入屏毗。无党无仇，举世莫疵。人所惮为，公勇为之。其所竞驰，公绝不窥。孰克知之，德将在斯。刻诗墓碑，以永厥垂。

宋陇城令赠太常博士吕公墓志铭

〔宋〕欧阳修

君讳士元，字佐尧，江宁人也。咸平二年举明经，为潭州醴陵尉，庐州司理参军，宁州彭原、广州四会县令，又为湖州司理、泗州录事参军，吉州太和、秦州陇城县令，以疾卒于官，享年六十有五。娶阎氏，生子四人：曰渊、曰溱、曰淙、曰淇。阎氏年七十三，后君十五年以卒。子淙，后其母三月卒。以庆历八年十二月二十日，以阎氏之丧合葬于扬州江都县东兴乡马坊村先茔之次。君为人刚介有节，长于为政。醴陵、太和皆大邑，民喜斗讼，往往因事中吏以法，吏多不免。而君日与长吏争曲直，下为邑民伺候，终无毫发过失可得，而民卒爱思之。四会近海，俗杂蛮夷，君尤知其人之利害。事所经决，后有欲辄改更者，民必自言于廷曰："此吕君所决，岂可动邪？"后人亦莫能改也。君仕三十余年，以一县令之禄，衣食其族四十余口，虽薄而必均。夫人阎氏，尤能为勤俭。子渊、溱皆举进士，溱有贤材，以文学选中第一，今渊为秘书丞，溱著作郎、直集贤院。以溱官得封赠，赠君太常博士；母夫人封天长县太君。呜呼！吕君官虽卑，惠于其民，足以为政；禄虽薄，周于其族，足以为仁；身虽不显，而有子以大其门，足以彰为善之效。君之皇祖讳裕，赠兵部尚书。皇考讳文膺，官至太子左赞善大夫。自宋兴百年间，吕姓之族五显于世，君之叔父刑部侍郎、集贤院学士文仲实为先朝名臣，而今君有贤子，又将显吕氏之族于后。于其葬也，是宜铭以志。其铭曰：善无不报，报不必同。或在其后，或及其躬。积久发迟，逾远弥昌。如其不信，考此铭章。

明故通议大夫刑部左侍郎张君墓志铭

〔明〕李东阳

刑部左侍郎张君讳锦，字尚䌹，系出河南太康，籍于岷，游于秦安，卒于华，将葬于秦，皆陕地。盖张氏居太康已久，自君高祖讳敬仕元为参知政事，防御鄜延，在国初以卒戍故居岷，至君为五世。君在秦安为县学生，岷为卫学生，其居华以谢病。故，其归岷以治命而葬，则朝廷所命有司所治也。君举成化乙酉乡贡，己丑进士，试政刑部，见称为才，有富民坐法当死，权贵请贷不得，则与执政者构君，君欲发其奸，乃已署山东司主事署员外郎。鞠讯明审，录囚山东，平反甚众。署郎中，事益精明。决狱无滞囚，会他司失官金，尚书属君按之，疑主使鞠之不承，遣人绐其家，得金示之，遂服罪。畿郡灾，君用廷荐，往赈。先条奏便利，至则平籴劝贷，分遣良吏饘丐，乞举嫁娶，掩骼埋胔，游惰者给牛种，督之耕，筑行塘隄千二百丈，以定水患，所活不可胜纪。有逻校诬枣阳（枣强）、武邑二县民为盗，皆据理直之。方山、庆成二王府有大狱，奉命往治，迁大理右寺丞，再奉命治岷、襄二府狱，情罪皆协，累迁右少卿，宪庙知名。凤阳有重狱，特命之往，今上即阼时为都察院右副都御史，巡抚宣府，直枉除弊，兵民畏服，劾罢中官武将之守备不职者，间登障望，见武帅家假山甚丽，怪之。其家闻之，遂自撤去，边报猝至，或欲请官军，适朝廷遣中使就议，公附奏以为不必遣，竟亦无他。请立万全左卫龙门所学，置天下武学岁贡额，皆旧所未备也。丁父忧，服阕，巡抚保定诸府，兼督紫荆诸关，未行。迁官再勘汤阴府狱，有贵臣为都御史秦公紘所劾，赃以万数，怙势求免，公卒正其法。丁继母忧，服再阕，方复任，未几遽疾作，辞俸，不许，乃请告特给驿归，且令病愈。有司以闻其为上所简任如此，其卒也，特令翰林为文，遣有司即其家祭之。公少有异质，生穷边，无师友。从释氏学，旋习老子，及读儒书，始尽去旧习，独冠儒冠，不避哗笑。攻苦力学，竟以所得

取高第。乡之以儒显者自公始。其为人也敦孝友，重廉节，早失恃，事父甚谨，抚诸弟无间言。悯穷赴急，或假贷为赈恤。其在官勤政强干，不为事窘，章奏明畅，动数千百言。乂典刑狱，尤精法比，而能以宽恕将之，服念恳愊，每至验诸梦寐。历佐台省，前后十五年，资望俱积而不及大拜以没，论者盖深惜之。然其所自立亦可谓卓荦不群者矣。所著有《松壑小稿》《宣政录》《张氏宗谱》若干卷，藏于家。公生于某年月某日，卒于某年月日，年六十二岁，葬于壬戌某月日，其地曰某山之原。祖讳文信，考讳善，皆赠通议大夫都察院右副都御史，祖妣陈氏，妣赵氏，皆赠淑人。配刘氏封淑人，有内助。子四：潜其长也，举进士，为户部主事，以学业世其家。孙一，之榘。公以予尝与试事相视殊厚，又遣潜受学于予。故潜请予铭状，则按察副使王应韶所著《应韶守岷》，闻其父老言公事甚悉，予参以旧所知，无弗合者，悼而为之铭。铭曰：经律并用，中古已然。同功异途，兼之实难。公阶贤科，式司邦臬。载参廷平，独秉宪节。入跻省地，在六卿列。情法并济，群疑百结。游刃其间，有用无缺。既试之繁，亦任之久。为省为台，公所固有。而终弗然，抑又谁咎？少鲜更事，老多怠成。此人之恒，岂惟彼刑。有贤若公，孰亏厥盈。天实为之，非人弗能。人孰不亡？公有遗名。有论公世，盍征吾铭？

散文

与张用昭

〔明〕康海[①]

辱教，知近事如此，数日身心不能自宁，况有官者与受地方之重者哉？然以执事之

① 康海（1475—1540），字德涵，号对山，陕西武功人。明代文学家。弘治十五年（1502）状元，曾任翰林院修撰。

才，当此剧难狼狈之际，要有定力，顾措置何若耳。广郡数蒙其至，无他郡芟夷绝灭之惨者，不可谓无所系也。近闻仇将军与战南阳，获俘甚多，若尔亦新来一快事，但其启行时言语甚易，无惧事慎敌之心，恐非名将家法也。贤郎文雅勤事，此最学者艰节，其闻抄写文字，似于下学上达之旨稍相违背，盍若令之潜沉讽咏，自求于经训之间，既通贯融液，然后操纸命辞，自必有过人者，而奚俟此败故驳杂之语哉！公家世有大方，谅不须吾言，吾自不能不为之言耳。春和，惟万万保重。

重修平山书院记

〔清〕李谦

邑之山曰平都，秀出五鱼双桂之东。前明进士杨君孟瑛少读书其下，建书院曰平山，后邑令万君谷更名曰凌云。

国朝初，前令有王君廷献者，曾经修建，而基址亦淹没不可考。今之鹿鸣书院，则张君伟所首创也。伟，黔南人，令斯邑于乾隆戊戌，始择地黉宫右，构讲堂斋舍，其十余楹。周以缭垣，聚俊秀而立诵之，更肇嘉名，今其残碑尚存而字迹半蚀。六十年来，门垣就颓，瓦础缺落，后之人非修举振兴，其不鞠为茂草而名存实亡也，盖亦仅矣。余自癸巳莅斯邑，亟谋修缔，念兴教之有由；惧前功之废坠。蠲廉倡始而首事，奈兆登孝廉、王正极茂才等转相劝谕，都人士咸踊跃输赀，洊及三年，经费以裕，增山长之修脯，添诸生之膏火。条规次第举矣。乃庀材饬工，葺其学院。宇蠹者易之，缺者补之，漫漶者新之，湫隘者广之。经始于戊戌十一月，越次年己亥四月而工告竣。肃然焕然，规模较旧加闳。于是董事诸君子以书院名，屡易请，仍颜曰平山，示复古。且请为文勒石，用垂永久。

余惟国家以兴贤育才为亟，诸生果志切观摩，修厥道艺，于院名何择焉。抑既以斯山为斯邑巨镇，欲标其名而不使他邑书院得袭也。谓当崇经术，懋实学，相与讲贯服习。俾人才辈出，而扶舆得效其灵，其毋徒弋声华，使平山类终南之捷径也；又毋或作辍靡常，舍业而嬉，使平山迹近于童且蒙不毛之诮也。可无勉哉。诸生以为然，遂辑其语以为记斯役也。诸寅好为司铎邹君，少尉刘君例得并书。至于兹院之建于乾隆戊戌，重修于道光戊戌，其年前后偶合，若有数焉，非所知也。修举振兴，所重望于后之君子。

秦安县三义学记（节选）

〔清〕董秉纯[①]

三义学者，一在陇城，曰陇城义学。陇城，汉县名，后不知何时废，至宋改陇城寨，今改为镇，而城尚存其半，岂即汉物欤！盖远不可考已。旧设巡检司一员，建置亦不可考，乾隆四十五年裁去，其署当变值。前令列之藏吏之册，实则递相授受而未售。沿及予，屋犹无恙。客年春，邑中置春雨书院，延师集生徒会课，而各乡远不克集者甚众。陇城去邑九十里，竟无一人至。至冬，予偶宿此，因思曷不以贮师徒而徒度置也。商之三舍，马生之骐、刘生奋汉延学生姜梦元为之师，于是愿来学者不下三十人，新正人日遂开学。虽然学开矣，而学舍固官舍也。今岁之济济乐群者，安知明岁不售之人而寂寂也。终吾之官此，或不之辍，后之人其将嗣而继之乎？是在马生、刘生暨诸生勉之矣。……是谓三义学，其讲堂、学舍皆另有册，掌于县吏，其修脯皆拨自春雨书院当商所营之息之内。而玉山、阿阳两处无。马生、刘生者为之纠集董率，又方创始，故今岁生徒落落。其最盛惟陇城云。

敦复堂序

〔清〕胡世德[②]

尝读复之六五曰敦复无咎，盖谓必尽其敦之实而后可以言复也。然则复之义何取乎？阳穷于剥，德复其初，故曰复也。复之时义大矣哉！

陇城封君赵翁，幼失怙，年方总角即循循不佻，屹若成人，性至孝，每遇节序，涕泣哀思。及长，好施与，笃于善行。凡名山胜地，近则终南太华，远如峨眉武当，不惮跋涉，斋沐以朝谒焉！家居联宗族、和乡里，恤穷救困，排难解纷，一切利人济物之事，靡不悉力为之。雍正十二年患眼疾。嗣君柱石，远近觅医调理，百药不效，遂致失明。陇人咸惜之，曰：“天道无知，理数难凭，报施之理，何竟爽其常耶？”余亦疑之。

翁则不自以为病也，而为善愈力，而树德愈厚。越三岁，戊午，柱石应试长安，适有神医登魁王君者，山西安邑人也。柱石拜跪敦请，不肯就陇。场毕即星夜归家，请翁

① 董秉纯（1722—1793），字抑儒，一字小钝，浙江省宁波府鄞县人。乾隆十八年（1753）拔贡，乾隆五十年九月，任秦安县知县。乾隆五十一年春，建陇城等三处义学。

② 胡世德（生卒年不详），甘肃秦安县陇城镇人，清乾隆庠生。

诣长安求治，翁许之。时秋雨泞渥，柱石沾体涂足，终日扶亲赴省，不自知其况瘁也。予私谓所亲曰：“善人有后，其信然矣！”至则厚其仪以馈医，而日果愈。抵家数月之内视远如故。人佥曰：“非医之力不至此。”余曰：“尽不然也，此所谓积善有余庆也。试观赵翁善念存存，善行慥慥，始终如一。与易言敦复无咎中以自考者有矣！愧哉！由剥而克复，理固如是，数亦如是。王君虽神妙，自晋历秦若有使之者，恐难贪为己功也！”佥曰：“君之言诚然也。”

今赵翁堂搆新成，盍即以名其堂乎？余因众请，拟赠其名曰“敦复堂”，求燕承张君之笔于匾，以志为善之报云。

重修杨氏家谱序

〔清〕杨朴[①]

陇故名郡，人民环城内外居者，星罗棋布，亦数百家。唐宋前之世族大家，见于志乘者，其子孙多流落于外而无所考。近今曰旧户者五六姓，曰新户者十余姓，旧户皆明季徙住，业儒者较多，我杨氏其旧户之一也。辛亥禴祭时，从父兄拜扫，历指其墓而告余曰：“此汝高祖墓也，此汝曾祖墓也，此族内之某某墓也。”既归，授以家谱命详览之，曰：“此汝高祖讳也，此汝曾祖讳也，此族内之某某讳也。”然讳字、配氏功名有无，虽能略知梗概，惜其前有残缺，后多佚漏，实有可憾。是年秋，检点书籍，得旧谱数页，不无异同，虽非完璧，而于始祖颠末甚为明悉。先是，始祖陇西人，明诸生，讳得一，字子清，为邑名士。万历中流寓秦安东乡之太阳城川，遂家焉。有子数人，皆庠生。孙某避乱于陇城，生子二。长讳昭明，子二，曰训，曰诰。次讳合明，子三，曰典，曰谟，曰谔。叔侄五人同列邑庠，时以为荣。国初，兵燹之余，乡人苦不知学耳，其名者咸执贽以聘，于是各教授于邻镇。后来东乡文风日盛，遂有“东半榜”之语，皆余四世祖之先为提倡也。降至五六七数世，入邑庠者或三四人，或二三人。八九十至十一世，世仅一二人。据旧谱所传，昔祖宗无名臣显宦，子孙今又衰微，仅能继书香于十一世，亦不幸中之幸矣。昔关寿亭、杜工部之世系表，尚有缺讹；范文正、狄武襄之世传，志不无散逸。古之圣贤亦同浩叹自顾，何人敢以为憾！余读书十余年，适逢新旧过渡之时代，自觉无用于世，赋闲之际，用将族内之讳字、配氏，错讹者考证之，遗忘者慎书

① 杨朴（生卒年不详），甘肃省秦安县陇城镇人，清光绪秀才。

之，乖谬者审问之，含糊者明辨之。既非润色以失真，并无观美而附会，俾本支知所统一、旁支无存紊乱，则余志焉。

严亭序

〔民国〕张敏行[①]

修筑堤堰，稽石不若砖料，砖料不若种树。栎阳郑堤，芜湖隋堤，凤阳苏堤，皆历数十百年而完好不坏者知此道耳。陇城圮于河水约在金皇统间。清道光初，县令严公长宦筑护城堤，颇称坚致，惜未夹植树木，又无继起之培补，旋复冲没。兹仅存残堰数弓，即我陇城父老所称“严公堤”者是也。

近年，镇绅彭飏生暨二三同事接严堤旧迹筑堤凡若干尺，又于严堤之巅筑屋数椽，为修堤时憩息之所，落成额曰“严亭”，示不忘厥初也。

余尝谓飏生之于斯役，跣足荷锸，无日不立泥淖中，与冯夷相持，可谓勤且苦矣。兹者堤益坚，河日益远徙，树木日益蓊蔚。春秋佳日，飏生携友挈觞，登斯亭也。北顾堤畔，则水木鸣瑟，凫欧翔泳；南望城中，则瓦屋栉比，炊烟散彩。历代名区不致沦为泽国，知必有以喜且乐也！爰搜枯肠，勉缀数语，以示我陇乐飏生之苦，而来游是亭者。

楹联

女娲祠楹联

毋轻抟土意选良师细塑精雕自有英才清玉宇

须重补天功任硕鼠明吞暗啮何来美政济苍生

霍松林

① 张敏行，秦安县陇城镇山王村人，清光绪秀才。

天开蒙昧纲常始奠
地辟洪荒人文肇基

佚名

风云秦川新陇山前横九曲
烟雨楼阁古街亭上镇千秋

黄汉卿

炼彩石补苍天日月星辰照千秋
造福泽裕后世炎黄子孙传万代

王欢祥

佐伏羲制嫁娶德参化育
诛共工复天常功在补天

佚名

炼彩石补苍穹始分宇宙
化清浊立天柱初奠乾坤

佚名

德并三皇炼石补天为人类
福庇万民常赐甘霖润苍生

佚名

西番寺楹联

大山门

寺内小宇宙，入化无尘方能有容乃大
门外大乾坤，出真有信便是无欲则刚

汪聚应

文昌阁

宇宙大文章源从孝友
古今名将相气做星辰

佚名

科举选贵翰苑英才无双士
昌明文教华夏文章第一家

佚名

钟楼

金神震大千激浊扬清

玉韵盈万壑抑丑敷美

佚名

魁星阁

大圣文广射斗牛

帝君文化古今存

佚名

磨针洞

到此回顾可折可磨

化身指点如仙如佛

佚名

土地庙

金木水火土为主

东西南北地当先

佚名

土生白玉辉宇宙

地产黄金达人间

佚名

僧房

静观世界求一是

诚对苍生不二心

佚名

大佛殿

晨钟暮鼓惊醒世间名利客

经声佛号唤回苦海迷路人

佚名

药王殿

五岳三山收仙草
九州四海除病根

佚名

顶洞

若不回头谁替你救苦救难
如能转念何须我大慈大悲

佚名

峪耸危岩红日近
佛眼古洞白云埋

佚名

关帝庙楹联

汉封侯明封王清封大帝
儒称圣释称佛道称天尊

佚名

志在春秋功在汉
心同日月义同天

佚名

古略阳剧场

大事纪略

陇城物华天宝，人杰地灵，以其特殊的地理区位和独有的人文魅力，在华夏文明发展史上写下了辉煌灿烂的篇章。八千多年古老记忆既是炎黄子孙怀远追昔、祭祀始祖的精神指引，又是一篇篇可歌可泣的悲壮史诗。

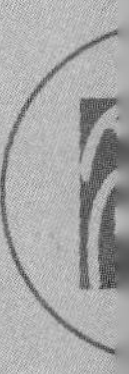

1928 年陇城遭遇百年不遇旱灾

1928 年，陇城地区遭遇百年不遇大旱，农民所种小麦枯死，高粱、青稞未出苗；小满、芒种前后改种糜谷，仍未出苗；夏至后改种荏荞，仍未收成。全年庄稼几乎颗粒无收，导致 1929 年当地特大饥荒，粮价猛涨，陇城粮价最高每四合一银圆（一合相当于一斤）。饥民相聚存粮户而共食之，称“吃大户”。饿殍载道，死者甚众，瘟疫流行，牲畜多饿死。

1929 年吉鸿昌部陇城剿匪

民国前期，以天水为中心的陇东南是北洋军阀、国民军与甘肃马家军相互争夺的战略焦点地区。1925 年以后，国民军在军事上取得胜利。国民军将领佟麟阁、吉鸿昌在镇守陇南期间，率部反剿回军，保卫当地民众的生命财产安全，组建地方民团，维护社会稳定。

1928 年春，在国民军中服役的张家川人马顺携枪回乡，与同乡妥占福（因驼背又称妥老三）等以“劫富济贫”为口号，纠集当地民众约 5000 人起事。不久，固原起事的杨斗福（号称杨老二）、马俊义到张家川与马顺联合，同国民军对抗，部众增至万人。同年八月，国民军吉鸿昌部击败马部，杨斗福带残部北走宁夏。12 月 16 日（农历十一月初五），马顺旅约数百人为配合在陇西被吉鸿昌阻击的马仲英部沿张家川西过陇城、莲花，出兵陇西、定西，陇城民团立即调集各城堡团勇追击。当日下午，两军在莲花城东遭遇，经过激烈交战，双方伤亡惨重。陇城民团有袁登沼、杨荣等 17 人阵亡，教练尚登科（山西人）、团勇李尌堂、李正红等受重伤。

1929 年 2 月 22 日（农历正月十三），马顺军西进再次被国民军击败返回张家川时，被国民军刘兆祥部于陇城镇东 10 千米的韩家川击溃，妥占福战死，余众多降。马顺带百余人向北逃窜。3 月 19 日（农历二月初九日），马顺残部在距陇城北 25 千米的庄浪县水洛城补给粮饷时与当地民团发生枪战。时逢吉鸿昌部路经莲花城，闻讯后立即派一支部属赶赴追剿，在东城门口发生激战，吉鸿昌部击毙马军 60 多人，马顺余部不足 50 人逃窜至华亭县关山深处，后被当地民团捕杀于马峡。事后，当地民谣曰：“杨二马顺妥老三，杀人放火欺了天。多亏国民革命军，除害为民报平安。”

1929 年 12 月 5 日（农历十一月初五），在莲花阵亡绅民一周年之际，秦安县第三区（陇城区）政府在陇城镇西关山神庙立石纪念。

1932 年陇城镇霍乱大流行

1932 年，陇城镇霍乱大流行，死亡近百人，患者多突然腹泻，继而呕吐，大便次数突增，颜色初为黄水样，后为柏油黑水样；患者眼窝深陷，腹部下陷，唇舌干燥，四肢冰凉，肌肉痉挛或抽搐。民间称为“黑水泻”。当时，中医用藿香正气丸等中成药治疗，私人大药房免费发放中草药服用，院落巷道喷洒消毒药剂预防，疫情得以缓解。

中共地下组织在陇城的活动

1941 年农历十二月，中共陇东地委派回族共产党党员沈瑕熙以特派员身份到清水县张家川地区开展地下工作。在取得一定成绩后接受陇东特委指示将工作扩大到秦安县清水河流域。1946 年农历二月，在陇城区连五乡北庄村发展马文清、兰春明等加入中国共产党，成立中共兰家村支部，兰春明任支部书记，为陇城区第一个党组织。1948 年农历八月，龙山西街小学教师李源和连五小学教师汪新义分别加入党组织，经汪新义介绍，发展王彦青、汪瀛江、汪延祥、汪伟洋等 21 人为党员，后建立中共汪堡支部，汪新义任支部书记。同年 12 月，马宝珊在沈瑕熙领导下，于陇城区韩家川、马家河、高庙乡一带先后发展马维林、马成琪、马骖武加入党组织，并建立中共韩家川支部，马宝珊任支部书记。1949 年农历二月，李源在马文清领导下于陇城区榆树村、高庄村发展刘生茂、刘生福等 6 人加入党组织，成立中共高庄村支部，李源任支部书记。1949 年 7 月，为迎接西北野战军解放大西北，汪新义在上级党组织领导下深入陇城区龙山镇开展宣传工作，在书写宣传标语时被国民党陇城区自卫队逮捕，杀害于陇城镇西 3 千米之王家店，为陇城解放献出了生命。

1949 年彭德怀率军过陇城

1949 年 6 月中旬，以彭德怀为司令员兼政委的第一野战军，在陕西渭河河谷歼灭胡宗南部主力 4 个军，胡军败退秦岭。宁夏马鸿逵部胆寒，龟缩六盘山以西。青海马步芳部受创，败逃甘肃静宁一带。一野根据毛泽东指示，做出解放大西北的准备。

7 月上旬，一野分批派出解放军侦查人员，化装成“货郎”进入甘肃秦安的清水河一带。货郎们走村串户，与乡人交谈，了解情况。

7 月中旬，青海马步芳骑兵第十四旅、第八旅由马继援指挥，分别从陇城、水洛二线出兵陕西。马军骑十四旅路经陇城镇时，当地妇女、青壮年男子，纷纷避藏山洞。马军所到之处，不是催粮要款，就是抓丁、抢劫。

7 月 28 日，一兵团贺炳炎一军、彭绍辉七军，分别派出一个师的兵力，对固关马军实施全面包围，发起猛烈进攻。将马军十四旅三千多骑歼于固关峡，马军残兵分路从陇城、水洛各线逃奔，当日下午解放马鹿镇。8 月 1 日，追击马军的贺炳炎一军小部队经过陇城镇。8 月 2 日，一军主力进驻陇城镇，先头部队从南城门进城，包围了区公所，当地国民党官员闻讯逃走。解放军向慌乱群众喊话，张贴标语，宣传共产党的解放政策，主动与群众接近。在解放军的宣传鼓舞下，躲藏在外的群众陆续回家。一军过境时，解放军扮货郎的侦查人员迅速查封当地富户粮仓，及时安排军队住宿。8 月 3 日，彭德怀和二兵团司令员许光达、政委王世泰等率主力部队经陇城进驻莲花镇。四军政委张仲良等官兵驻陇城镇，四军某师部驻龙泉村高家店。3 日到 10 日，陇城镇城里城外，公路沿线各村驻扎解放军。

8 月 10 日，解放大军离开陇城时，在龙泉孙家场组织召开支前群众大会，娲皇村赵同庆、赵福厚、高遂娃，略阳村王三有、杨根成，凤尾村邵根根，西关村薛德仓，许墩村石万仓，段湾村刘家二弟兄等数十人参加支前队伍，被编在师部三大队。

1958 年大地湾考古

1958 年，甘肃省文物管理委员会文物普查时，在陇城区五营公社邵店村东侧发现大地湾史前文化遗址。该遗址包含五个文化时期，据碳 -14 年代测定约为 7800 ~ 4800 年，被称为中华人民共和国重大考古发现。1988 年 1 月，被国务院公布为全国重点文物保护单位。

大地湾一期文化即史前仰韶文化，距今 7800 ~ 7300 年，是中国新石器考古的重大发现。这一时期编号为 H308 的近圆形灰坑中，发现一批炭化植物的种子，经鉴定，属禾本科的黍。确认中国西北地区是黍的原产地之一。

大地湾二期文化为仰韶文化早期，距今 6500 ~ 5900 年，出土了一批绚丽夺目的彩陶，其中鱼纹盆、女性人头瓶陈列于甘肃省博物馆。

大地湾三期文化即仰韶文化中期，距今 5900 ~ 5600 年，发掘出土的彩陶已具有相当高的工艺水平。

大地湾四期文化即仰韶文化晚期，距今 5500 ~ 4900 年。山坡中轴线分布着数座大型会堂式建筑，以 F901 为代表的大型宫殿式建筑占地 420 平方米，地面为类似现代水泥的料僵石面铺成，有主室、侧室、后室和门前附属建筑，规模大、保存好、结构复杂、工艺精湛。还发现了白灰地面上绘制的图案，长约 1.2 米、宽约 1.1 米，保存基本完好，比长沙马王堆楚国帛画早 2000 多年。

大地湾五期文化即常山下层文化，距今 4900 ~ 4800 年，是仰韶文化向齐家文化过渡性质的遗存，在清水河岸和秦安县陆续发现一批同类遗址。

2008 年陇城入选中国历史文化名镇

2008 年 10 月 14 日，住房城乡建设部、国家文物局公布陇城镇为中国历史文化名镇。

陇城位于陇山西麓、秦安县东北部，是古丝绸之路由西安进入甘肃的重要驿站，向有西出陇山第一镇之谓。商贸发达，人文荟萃，民风淳朴，历史积淀深厚。境内有大地湾文化遗址、女娲祠、街亭古战场旧址等。

在此之前，2006 年 7 月 26 日，经甘肃省人民政府批准陇城镇为甘肃历史文化名镇。2006 年 12 月，中华民族文化促进会、中国城乡发展国际交流协会、中国市长协会、中国世纪大采风活动组织委员会批准陇城镇为中国旅游文化名镇。

2011 年女娲祭典
入选国家级非物质文化遗产保护名录

2011 年 6 月，陇城女娲祭祀大典被列为第三批国家级非物质文化遗产保护名录。该名录由文化部组织评选。入选理由：一是祭祀历史悠久。自秦代延续至今；二是祭典隆重。上有朝廷或地方政府公祭，下有当地百姓民祭；三是从未间断。无论社会治乱，都以不同形式在传说中的女娲诞生日举行祭祀。

附录

住房和城乡建设部、国家文物局
关于公布第四批中国历史文化名镇（村）的通知

（建规〔2008〕192号）

各省、自治区、直辖市建设厅（建委）、文物局，北京市农村工作委员会、天津市规划局：

根据《中国历史文化名镇（村）评选办法》（建村〔2003〕199号）等规定，在各地初步考核和推荐的基础上，经专家评审并按《中国历史文化名镇（村）评价指标体系》审核，住房和城乡建设部、国家文物局决定公布北京市密云县古北口镇等58个镇为中国历史文化名镇（见附件1）、河北省涉县偏城镇偏城村等36个村为中国历史文化名村（见附件2）。

请你们按照《历史文化名城名镇名村保护条例》的要求，进一步理顺管理体制，切实做好中国历史文化名镇（村）的保护和管理工作。要加强对中国历史文化名镇（村）规划建设工作的指导，认真编制保护规划，制定和落实保护措施，杜绝违反保护规划的建设行为的发生，严格禁止将历史文化资源整体出让给企业用于经营。

住房和城乡建设部、国家文物局对已经公布的中国历史文化名镇（村）的保护工作进行检查和监督；对保护不力使其历史文化价值受到严重影响的，将依据《历史文化名城名镇名村保护条例》进行查处。

附件：1. 第四批中国历史文化名镇名单

2. 第四批中国历史文化名村名单

中华人民共和国住房和城乡建设部

国家文物局

二〇〇八年十月十四日

附件 1　第四批中国历史文化名镇名单

01 北京市密云县古北口镇
02 天津市西青区杨柳青镇
03 河北省邯郸市峰峰矿区大社镇
04 河北省井陉县天长镇
05 山西省泽州县大阳镇
06 内蒙古自治区喀喇沁旗王爷府镇
07 内蒙古自治区多伦县多伦淖尔镇
08 辽宁省海城市牛庄镇
09 吉林省四平市铁东区叶赫镇
10 吉林省吉林市龙潭区乌拉街镇
11 黑龙江省黑河市爱辉镇
12 上海市南汇区新场镇
13 上海市嘉定区嘉定镇
14 江苏省昆山市锦溪镇
15 江苏省江都市邵伯镇
16 江苏省海门市余东镇
17 江苏省常熟市沙家浜镇
18 浙江省仙居县皤滩镇
19 浙江省永嘉县岩头镇
20 浙江省富阳市龙门镇
21 浙江省德清县新市镇
22 安徽省歙县许村镇
23 安徽省休宁县万安镇
24 安徽省宣城市宣州区水东镇
25 福建省永泰县嵩口镇
26 江西省横峰县葛源镇
27 山东省桓台县新城镇
28 河南省开封县朱仙镇

29 河南省郑州市惠济区古荥镇
30 河南省确山县竹沟镇
31 湖北省咸宁市汀泗桥镇
32 湖北省阳新县龙港镇
33 湖北省宜都市枝城镇
34 湖南省望城县靖港镇
35 湖南省永顺县芙蓉镇
36 广东省东莞市石龙镇
37 广东省惠州市惠阳区秋长镇
38 广东省普宁市洪阳镇
39 海南省儋州市中和镇
40 海南省文昌市铺前镇
41 海南省定安县定城镇
42 重庆市九龙坡区走马镇
43 重庆市巴南区丰盛镇
44 重庆市铜梁县安居镇
45 重庆市永川区松溉镇
46 四川省巴中市巴州区恩阳镇
47 四川省成都市龙泉驿区洛带镇
48 四川省大邑县新场镇
49 四川省广元市元坝区昭化镇
50 四川省合江县福宝镇
51 四川省资中县罗泉镇
52 贵州省安顺市西秀区旧州镇
53 贵州省平坝县天龙镇
54 云南省孟连县娜允镇
55 西藏自治区日喀则市萨迦镇
56 陕西省铜川市印台区陈炉镇
57 甘肃省秦安县陇城镇

58 甘肃省临潭县新城镇

附件 2　第四批中国历史文化名村名单

01 河北省涉县偏城镇偏城村

02 河北省蔚县涌泉庄乡北方城村

03 山西省汾西县僧念镇师家沟村

04 山西省临县碛口镇李家山村

05 山西省灵石县夏门镇夏门村

06 山西省沁水县嘉峰镇窦庄村

07 山西省阳城县润城镇上庄村

08 浙江省龙游县石佛乡三门源村

09 安徽省黄山市徽州区呈坎镇呈坎村

10 安徽省泾县桃花潭镇查济村

11 安徽省黟县碧阳镇南屏村

12 福建省福安市溪潭镇廉村

13 福建省屏南县甘棠乡漈下村

14 福建省清流县赖坊乡赖坊村

15 江西省安义县石鼻镇罗田村

16 江西省浮梁县江村乡严台村

17 江西省赣县白鹭乡白鹭村

18 江西省吉安市富田镇陂下村

19 江西省婺源县思口镇延村

20 江西省宜丰县天宝乡天宝村

21 山东省即墨市丰城镇雄崖所村

22 河南省郏县李口乡张店村

23 湖北省宣恩县沙道沟镇两河口村

24 广东省恩平市圣堂镇歇马村

25 广东省连南瑶族自治县三排镇南岗古排村

26 广东省汕头市澄海区隆都镇前美村

27 广西壮族自治区富川瑶族自治县朝东镇秀水村
28 四川省汶川县雁门乡萝卜寨村
29 贵州省赤水市丙安乡丙安村
30 贵州省从江县往洞乡增冲村
31 贵州省开阳县禾丰布依族苗族乡马头村
32 贵州省石阡县国荣乡楼上村
33 云南省石屏县宝秀镇郑营村
34 云南省巍山县永建镇东莲花村
35 宁夏回族自治区中卫市香山乡南长滩村
36 新疆维吾尔自治区哈密市回城乡阿勒屯村

主要参考文献

〔明〕胡缵宗修:《秦安志》,明嘉靖十四年(1535)版。

〔明〕康海著:《对山集》,明嘉靖二十四年(1545)版。

〔明〕李东阳著:《怀麓堂集》,四库全书本。

〔清〕李迪修:《甘肃通志》,四库全书本。

〔清〕费廷珍修:《直隶秦州新志》,清乾隆二十九年(1764)版。

〔清〕严长宦修,刘德熙纂:《秦安县志》,清道光十八年(1838)版。

〔清〕舒化民修,徐德城纂:《长清县志》,清道光十五年(1835)版。

〔清〕姚协赞、余泽春修,王权、任其昌纂:《重纂秦州直隶州新志》,清光绪十五年(1889)版。

〔清〕升允、长庚修,安维峻纂:《甘肃新通志》,清宣统元年(1909)版。

秦安县志编纂委员会编:《秦安县志》,甘肃人民出版社,2001年。

天水市地方志编纂委员会编:《天水市志》,方志出版社,2004年。

王文杰著:《略阳川八千年历史人文概览》,甘肃人民出版社,2005年。

王光庆、彭鸿善、宋进喜编著:《天水通史》,中华书局,2014年。

编纂始末

《中国名镇志丛书·陇城镇志》编修始于2016年12月，从拟定篇目到付梓出版，前后历经近两年时间。2017年1月3日，陇城镇党委、政府召开有县志办领导、镇志编纂委员会成员、编纂人员和社会各界人士代表参加的启动会议。会上，县志办主任王广林对如何编纂具有“名”和“特”的陇城镇志作了指导性发言，并对镇志办提交的编纂目录进行讨论、审核、修正。

《中国名镇志丛书·陇城镇志》的编纂，在结构上服从于中国名镇志文化工程统一的框架和篇幅要求，内容立足于陇城在全国和区域性的“名”与“特”的影响、价值和发展模式的意义，略去一般性的内容，在结构布局上除中国名镇志文化工程规定的基本内容外，根据陇城自身的特点、特色，做灵活处理。志首以“西出陇山第一镇”代替一般性的概述，概括性地介绍陇城镇的历史发展及保护和开发路径，向读者介绍历史悠久、文化灿烂的古镇陇城。其后设基本镇情、女娲祭典、街亭、军事重镇、文化名镇、风土风情、名人与名镇、艺文、大事纪略九部分，志末设附录。

《中国名镇志丛书·陇城镇志》在编纂过程中得到秦安县志办公室的大力支持。编纂人员在秦安县委、县政府和镇党委、政府的领导下，争分夺秒、夜以继日、抗严寒、熬酷暑，完成镇志的编写。编纂过程中得到天水师范学院副院长汪聚应、处长雍际春、教授刘雁翔等资深史地和文化专家的精心指导和严格评审，并提供翔实珍贵的资料。秦安县志办主任王广林、主编王文杰曾多次亲赴现场指导。秦安县委书记王东红、县长程江芬非常重视并多次督促编写进程，并下拨部分编写经费。陇城镇党委书记李志强、镇长郭四亮经常走进编纂办公室与编纂人员商讨编写内容、编写重点，及时提出修改建议。食药监所所长王耀荣在办公条件方面给予支持，镇政府办公室主任赵育红、赵志林提供相关图片。天水市政协原副主席张续善和《天水通史》主编宋进喜既提供资料又给予指导。中国地方志指导小组办公室和方志出版社对送审稿进行多次审阅修改。在此向为《中国名镇志丛书·陇城镇志》编纂做出贡献者，一并致谢。由于时间紧，编纂人员水平有限，错误在所难免，诚请读者谅解。

编　者

2018 年 11 月